HERMÍNIO SARGENTIM

OFICINA de ESCRITORES

7

ENSINO FUNDAMENTAL

IBEP

2ª edição
São Paulo – 2020

Oficina de escritores
Língua Portuguesa – volume 7
© IBEP, 2020

Diretor superintendente	Jorge Yunes
Diretora editorial	Célia de Assis
Assessoria pedagógica	Lunalva Gomes
Edição	RAF Editoria e Serviços
Revisão	Adriane Gozzo
Produção editorial	Elza Mizue Hata Fujihara
Assistente de produção gráfica	Marcelo de Paula Ribeiro
Estagiária	Verena Fiesenig
Iconografia	Victoria Lopes
Ilustração	Bruno Badaim/Manga Mecânica, Luiz Maia, Mônica Cham
Projeto gráfico e capa	Aline Benitez
Editoração eletrônica	Nany Produções Gráficas

CIP-BRASIL. CATALOGAÇÃO NA PUBLICAÇÃO
SINDICATO NACIONAL DOS EDITORES DE LIVROS, RJ

S251o
2. ed.
v. 7

Sargentim, Hermínio Geraldo
　Oficina de escritores, volume 7 / Hermínio Geraldo Sargentim. – 2.ed. – São Paulo: IBEP, 2020.
　　: il.

　　ISBN 978-65-5696-034-0 (aluno)
　　ISBN 978-65-5696-035-7 (professor)

　1. Língua portuguesa – Composição e exercícios. 2. Língua portuguesa - Estudo e ensino (Ensino fundamental). I. Título.

20-64498　　　　　　　　　　CDD: 372.4
　　　　　　　　　　　　　　CDU: 373.3.016:811.134.3

Meri Gleice Rodrigues de Souza - Bibliotecária - CRB-7/6439
17/05/2020　　22/05/2020

2ª edição – São Paulo – 2020
Todos os direitos reservados

IBEP

Rua Gomes de Carvalho, 1306 – 11º andar – Vila Olímpia
São Paulo-SP – 04547-005 – Brasil – Tel.: (11) 2799-7799
www.ibep-nacional.com.br

Impressão - Gráfica Mercurio S.A. - Agosto 2024

APRESENTAÇÃO

Futuro escritor,

Para aprender a escrever é necessário, antes de mais nada, escrever. É na prática constante da escrita que, gradativamente, são incorporadas as habilidades fundamentais do processo redacional.

Neste livro, você será conduzido a produzir diferentes gêneros textuais, todos reunidos em projetos. Para escrevê-los, vai ser preciso vivenciar algumas etapas de criação de um texto:

PREPARAÇÃO → ESCRITA → REVISÃO → REESCRITA → EDIÇÃO FINAL

A escrita permite-lhe refletir e organizar os dados da realidade. Ao mesmo tempo, possibilita-lhe viver de maneira intensa o seu pensar e o seu sentir.

Mediante o domínio da escrita, você certamente terá condições de conhecer e desenvolver, com maior consciência, as características básicas do ser humano – um ser inteligente, criativo e sensível.

O autor

ORGANIZAÇÃO DO LIVRO

PROJETOS

Todos os livros da **Oficina de escritores** estão divididos em projetos. Em cada projeto, você vai criar diferentes textos que formarão os seus livros ou o seu jornal.

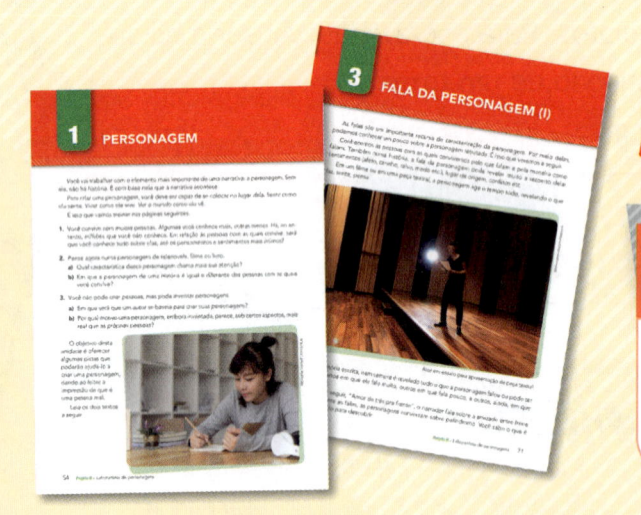

PROPOSTA DE PRODUÇÃO DE TEXTOS

Introdução: um resumo e um convite para a leitura dos textos selecionados.

Leitura: apresenta-se uma variedade de textos selecionados de acordo com o projeto. A leitura desses textos busca orientar e, ao mesmo tempo, motivar você a escrever.

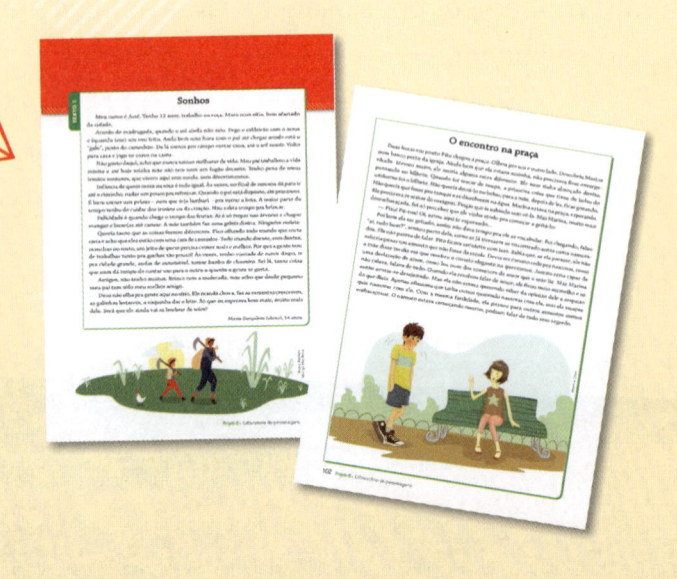

Estudo do texto: seção do livro que objetiva ajudar você a descobrir a maneira como os textos foram escritos, além de analisar os recursos da língua usados pelos autores no processo de criação textual.

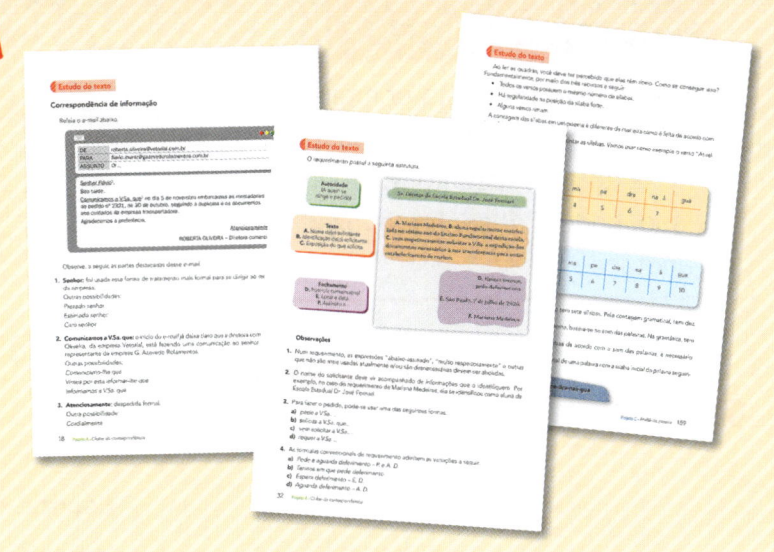

Produção de textos: nesta seção, você é convidado a escrever o próprio texto, com base na análise da organização do texto lido. A escrita envolve cinco etapas: preparação, escrita, revisão, reescrita e edição final. Essas etapas serão registradas em fichas.

GUIA DE REVISÃO DE TEXTOS

Esta é a última etapa do seu livro. Nela você pode encontrar uma explicação sobre os itens do **Roteiro de revisão** dos textos propostos na coleção.

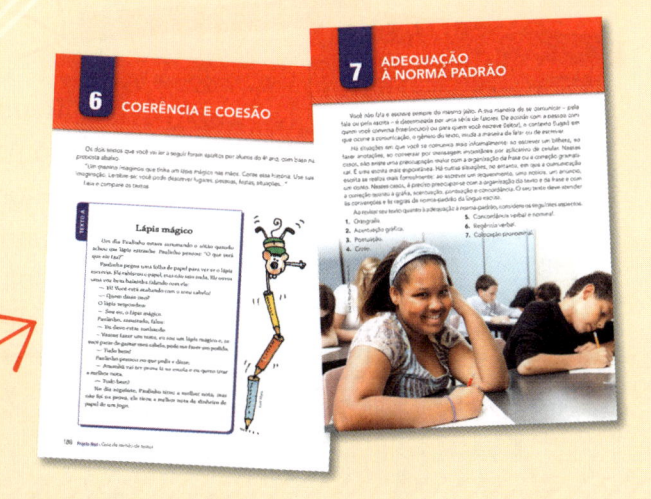

FICHAS DE PRODUÇÃO DE TEXTOS

Planejamento: nesta primeira etapa de produção, você vai pensar no texto a ser escrito. Enquanto isso, poderá desenhar e fazer anotações.

Escrita: esta é a etapa em que você vai começar a escrever, livremente, o seu texto. É essencial escrever à vontade, porque estará fazendo apenas um rascunho.

Revisão: esta etapa é muito importante. Você vai ler o texto que escreveu e, com o auxílio de um **Roteiro de revisão**, fará as correções que julgar necessárias.

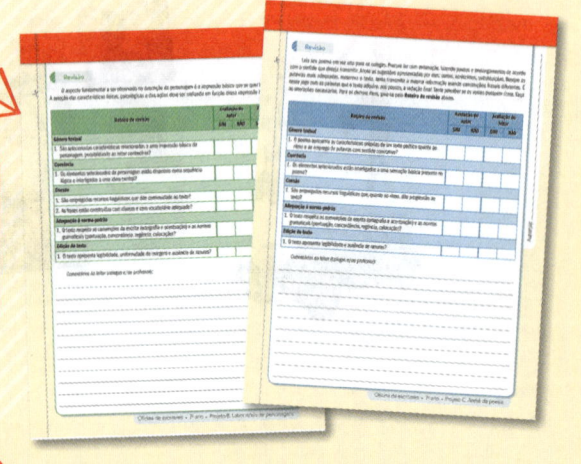

Reescrita do texto e Edição final: após a revisão do seu texto, você vai reescrevê-lo para que um leitor (professor e/ou colega) o avalie. Com a orientação de seu professor, você fará a edição final e publicação do texto, que vai compor o projeto proposto.

SUMÁRIO

PROJETO A

CLUBE DA CORRESPONDÊNCIA 9

1. Carta pessoal.................................. 10
   - Ana e Pedro: cartas......................... 10
   - Estudo do texto 11
   - Produção de textos 12
2. Correspondência comercial 17
   - E-mail 1 17
   - E-mail 2 17
   - Estudo do texto 18
   - Produção de textos 20
3. Ofício... 25
   - Estudo do texto 26
   - Produção de textos 26
4. Requerimento................................. 31
   - Estudo do texto 32
   - Produção de textos 33
5. Procuração..................................... 39
   - Estudo do texto 40
   - Produção de textos 40
6. Currículo... 45
   - Estudo do texto 47
   - Produção de textos 48

PROJETO B

LABORATÓRIO DE PERSONAGENS 53

1. Personagem.................................... 54
   - Texto 1: *Sonhos* 55
   - Texto 2: *Passo a passo*.................. 56
   - Estudo do texto 57
   - Produção de textos 58
2. Ações da personagem 65
   - *O diário (nem sempre) secreto de Pedro* 65
   - Estudo do texto 66
   - Produção de textos 66
3. Fala da personagem (I) 71
   - *Amor de trás pra frente* 72
   - Estudo do texto 74
   - Produção de textos 75
4. Fala da personagem (II) 81
   - Texto 1: *Espírito de equipe* 81
   - Texto 2: *Espírito de equipe (adaptado)*..................................... 82
   - Estudo do texto 83
   - Produção de textos 86
5. Discurso direto e indireto 91
   - *Negócio de menino com menina* 91
   - Estudo do texto 93
   - Produção de textos 96
6. Mundo interior da personagem......... 101
   - *O encontro na praça*..................... 102
   - Estudo do texto 103
   - Produção de textos 104
7. Descrição da personagem 109
   - *As duas irmãs*............................... 109
   - Estudo do texto 110
   - Produção de textos 111

8 Características da personagem 117
   A prima Lili 117
   Estudo do texto 118
   Produção de textos 118
9. Ambiente 123
   Texto 1: *Quarto de despejo* 124
   Texto 2: *As belezas da noite* 125
   Estudo do texto 125
   Produção de textos 126
10. Conflito da personagem 133
   O homem alto 134
   Estudo do texto 134
   Produção de textos 135

PROJETO C

ATELIÊ DA POESIA 141

1. Frase poética 142
   Sonho doido 143
   Estudo do texto 144
   Produção de textos 144
2. Imagem poética 149
   Texto 1: *Teu nome* 149
   Texto 2: *Isá* 150
   Texto 3: *Marisa* 150
   Estudo do texto 150
   Produção de textos 150
3. Quadra 155

   Lira do amor romântico
   Ou a eterna repetição 156
   Estudo do texto 159
   Produção de textos 160
4. Poema visual 165
   Canção para ninar gato com insônia ... 165
   Estudo do texto 166
   Produção de textos 166
5. Paródia 169
   O Cravo brigou com a Rosa 169
   Brincadeira 169
   Marcha soldado 170
   ABC 170
   Produção de textos 170

GUIA DE REVISÃO DE TEXTOS

1. Edição de texto 176
2. Acentuação 179
3. Concisão 182
4. Repetição de palavras 184
5. Marcas da oralidade 186
6. Coerência e coesão 188
7. Adequação à norma padrão 191
8. Revisão/reescrita 192

Bruno Badain/Manga Mecânica

PROJETO A

CLUBE DA CORRESPONDÊNCIA

Objetivo

Neste projeto, você manterá correspondência com pessoas de outras localidades, empresas, veículos de comunicação e instituições públicas (secretarias e prefeituras).

Estratégias

Para isso, vai conhecer e produzir diferentes gêneros de textos, cujo objetivo é possibilitar a comunicação escrita.

Encerramento

Você e os colegas farão uma coletânea de textos de correspondência produzidos durante a realização deste projeto.

1. Carta pessoal
2. Correspondência comercial
3. Ofício
4. Requerimento
5. Procuração
6. Currículo

1 CARTA PESSOAL

Embora a comunicação escrita pela internet (*e-mail* ou mensagem instantânea por aplicativo de celular) seja mais frequente, as correspondências enviadas por correio ainda são utilizadas, pois, em termos comerciais, dão segurança e credibilidade à comunicação e, em termos pessoais, proporcionam maior intimidade.

A carta pessoal constitui uma dessas formas de comunicação escrita. Você lerá a seguir cartas retiradas de um livro. Seus autores contam uma história de amor por meio de uma troca de correspondência entre as personagens.

ANA E PEDRO: CARTAS

Oi, Pedro,

vou te avisando: você não me conhece.

Quem me falou em você foi a Malu, que eu conheci nas últimas férias, em Cabo Frio. A gente estava pegando umas ondas e reparou que tinha um cara olhando.

Perguntei se ela conhecia, disse que não. Eu também não. Aí, ela falou: "Ele é parecido com um amigo meu. Só que meu amigo é mais baixo".

Aquele cara não era alto, sabe, Pedro? Fico imaginando, então, que você é meio baixinho. Ou não?

Eu sou. Nem um e sessenta. Uma desgraça. Moro aqui em Sampa, tenho quase 17 anos, gosto de ficar de conversa fiada no telefone, de namorar vitrines e papelarias. Ah! Adoro ler.

Achei legal conhecer a Malu. Ela me deu seu endereço, na horinha em que a gente se despediu. Brincando, eu disse a ela que te desse um abraço. "Naquele seu amigo baixinho", falei. "Qual?", ela perguntou. "Aquele mais baixo que o cara da praia", falei. "Ah", ela riu. "Quer o endereço dele? Olha aqui, escreve para ele, garanto que ele vai gostar."

Estou escrevendo, mesmo sem saber se você vai gostar.

Se você responder, te juro que vou adorar. Adoro carta. Até coleciono. Cartas e lápis. Você coleciona alguma coisa?

Um abraço. O segundo, porque o primeiro a Malu já deve ter te dado.

A "amiga" desconhecida,

Ana T.

S. Paulo, 22-11-88

Belo Horizonte
6.12.88

Ana,
nunca te vi, mas acho que te amarei.

Pedro,
evidentemente

P.S. Meu código postal é 31540.
Sua carta custou a chegar.

Pedro
caixa postal 31540

Pedro,

calma, cara! Qual é?

Te escrevo na melhor das intenções e você, sem nunca ter me visto, vai logo dizendo: "acho que te amarei"?

Você tá confundindo as estações, ou não entendeu nada.

Só tô querendo escrever e receber cartas. Falar de mim, saber de você. Aliás, você coleciona alguma coisa? Perguntei e você nem te ligo. Foi falando em amor, cortando tudo, atropelando. Assim você me assusta. Estou acostumada com coisas do meu jeito, sabe? E o meu jeito é devagar, com calma.

Quando eu namorar alguém, vai ser só depois de muita conversa, convivência, troca de ideias.

Outra coisa: não ando querendo namorar ninguém, não. Ando querendo trocar lápis, só. Outro dia, ganhei um superlegal. Da Nestlé. Todo branco, com sete lados (não é desses redondos, comuns), escrito Nestlé bem pequenininho, azul. Não fala em chocolate, iogurte, nada. Você gosta de iogurte?

Você gosta de quê, além de assustar a gente?

Não entendi seu cartão. Te escrevi falando de lápis e você respondeu falando de amor. Estou ficando com medo.

Tenho pai médico, mãe psicóloga, irmão mais novo, alguns amigos, inimigos acho que ainda não. De vez em quando alguém dá a maior canseira, mas passa.

Você tem algum inimigo?

Namorado não tenho e também não sei se você tá querendo saber isso. Nem sei se você quer saber alguma coisa, porque não falou nada. Foi logo mandando aquele cartão maluco. Será que você também é meio maluco?

Te imagino meio baixo (por causa da Malu, né?), moreno, tênis, *jeans*, camiseta, paquerando as garotas do bairro e nem um pouco interessado em coleção de lápis. Nem em quem os coleciona.

Outra vez,

Ana T.
S. Paulo, 14-12-88

Vivina de Assis Viana; Ronald Claver. *Ana e Pedro*: cartas. São Paulo: Atual, 2009.

Estudo do texto

1. Uma carta apresenta os seguintes elementos:

1. Local e data
2. Saudação
3. Desenvolvimento
4. Despedida
5. Assinatura do remetente

a) Identifique esses elementos na primeira carta de Ana.
b) Há um elemento nas cartas de Ana que foge aos padrões de uma carta pessoal. Identifique-o e informe como ficariam as cartas se tivessem sido escritas de acordo com o padrão.

2. Depois da saudação, usa-se normalmente vírgula ou dois-pontos.

   Existem saudações bem formais e saudações bem informais.

   a) Nas cartas que você leu, Pedro e Ana usam saudações mais formais ou mais informais?

   _____

   b) Cite exemplos de:

   saudações informais: _____

   saudações formais: _____

Produção de textos

Escolha uma das propostas.

1. Coloque-se no lugar de Pedro ou de Ana e dê continuidade à correspondência entre eles.

2. Existem problemas e sentimentos tão íntimos que às vezes não revelamos a ninguém, nem mesmo às pessoas com as quais mantemos profundo relacionamento afetivo. É importante, no entanto, compartilhar esses nossos sentimentos, dores, emoções, desejos com alguém. Esse ouvinte/leitor pode ser até fictício, isto é, inventado por você.
Invente essa pessoa e escreva uma carta para ela falando desses sentimentos, dessas emoções. Para continuar a correspondência, escreva para você em nome da pessoa que criou.

3. Crie uma personagem que esteja vivendo um conflito emocional. Coloque-se no lugar dela e escreva uma carta dirigida a alguém que foi ou é muito significativo na vida dessa personagem.

4. Leia, a seguir, a carta que o cachorrinho Sam escreveu para sua dona, Gertrudes Leroy, depois que esta o enviou a uma escola de adestramento de animais. Coloque-se no lugar de algum animal de estimação e escreva também uma carta para seu dono.

> Cara sra. Leroy,
> Os vizinhos se queixam mesmo de meus uivos? É difícil imaginar. Primeiro, porque não uivo tanto assim. A senhora esteve fora naquelas noites, então não tem como saber, mas, acredite, fui bastante moderado. Segundo, não devemos nos esquecer de que são ELES que vivem me acordando no meio da tarde com aquele aspirador barulhento. Costumo dizer que todos temos de aprender a conviver em harmonia.
> Minha vida aqui continua um pesadelo. A senhora não acreditaria nas coisas que acontecem na lanchonete.
> Sinceramente seu,
> Sam.
> P.S. Não quero deixá-la alarmada, mas a ideia de uma fuga passou-me pela cabeça!
>
> Mark Teague. *Cara Sra. Leroy*. São Paulo: Globo, 2004.

Ficha 1 — CARTA PESSOAL

Autor(a): _____ Data: ___/___/___

Planejamento

Antes de começar a escrever, você deve definir três dados importantes: remetente, destinatário e objetivo.

1. Remetente: pessoa que escreve a carta.
_____

2. Destinatário: pessoa que recebe a carta
_____

3. Objetivo: finalidade da carta.
_____

Você pode escrevê-la para:
a) contar alguma coisa que aconteceu em sua vida;
b) falar de seus sentimentos em relação a uma pessoa;
c) contar um segredo;
d) pedir informações;
e) fazer uma crítica;
f) fazer um elogio;
g) pedir um conselho etc.

_____
_____
_____
_____
_____
_____
_____
_____
_____
_____
_____
_____

Oficina de escritores • 7º ano • Projeto A: Clube da correspondência

Escrita

Escreva a carta, de preferência a lápis, sem usar borracha. Se quiser mudar o que escreveu, risque, não apague. Assim ficará registrado no papel o que você pensou e escreveu.

Revisão

Releia a carta como se você fosse o destinatário e avalie se o objetivo proposto foi atingido. Você também pode pedir a um colega que a leia e depois exponha o que entendeu da leitura. Assim, você poderá certificar-se de que a mensagem está clara.

Roteiro de revisão	Avaliação do autor		Avaliação do leitor	
	SIM	NÃO	SIM	NÃO
Gênero textual				
1. Organiza a carta pessoal de acordo com os elementos presentes nesse gênero: local e data, saudação, desenvolvimento, despedida, assinatura do remetente?				
Coerência				
1. Seleciona informações, fatos ou opiniões relacionados ao objetivo da carta?				
Coesão				
1. Emprega recursos linguísticos que dão continuidade ao texto?				
2. Constrói frases claras com vocabulário preciso?				
Adequação à norma-padrão				
1. Respeita as convenções da escrita (ortografia/acentuação) e as normas gramaticais (pontuação, concordância, regência, colocação)?				
Edição do texto				
1. Escreve com legibilidade, uniformidade de margens e ausência de rasuras?				

Comentários do leitor (colegas e/ou professor):

_____
_____
_____
_____
_____
_____
_____
_____
_____
_____
_____
_____

Autor(a): _____

Reescrita

Edição final

Se você escreveu para uma pessoa conhecida, coloque a carta num envelope, escreva nele seus dados (remetente) e os da pessoa que vai receber a carta (destinatário), vá a uma agência dos Correios e faça o envio. Se escreveu colocando-se no lugar de uma personagem, seu texto poderá fazer parte da coletânea que você e os colegas vão preparar.

2 CORRESPONDÊNCIA COMERCIAL

A correspondência comercial, seja por meio de carta ou de *e-mail*, pode ser realizada para os seguintes fins:

1. Informar algo ao destinatário.
2. Fazer uma solicitação ao destinatário.

Observe os *e-mails* a seguir.

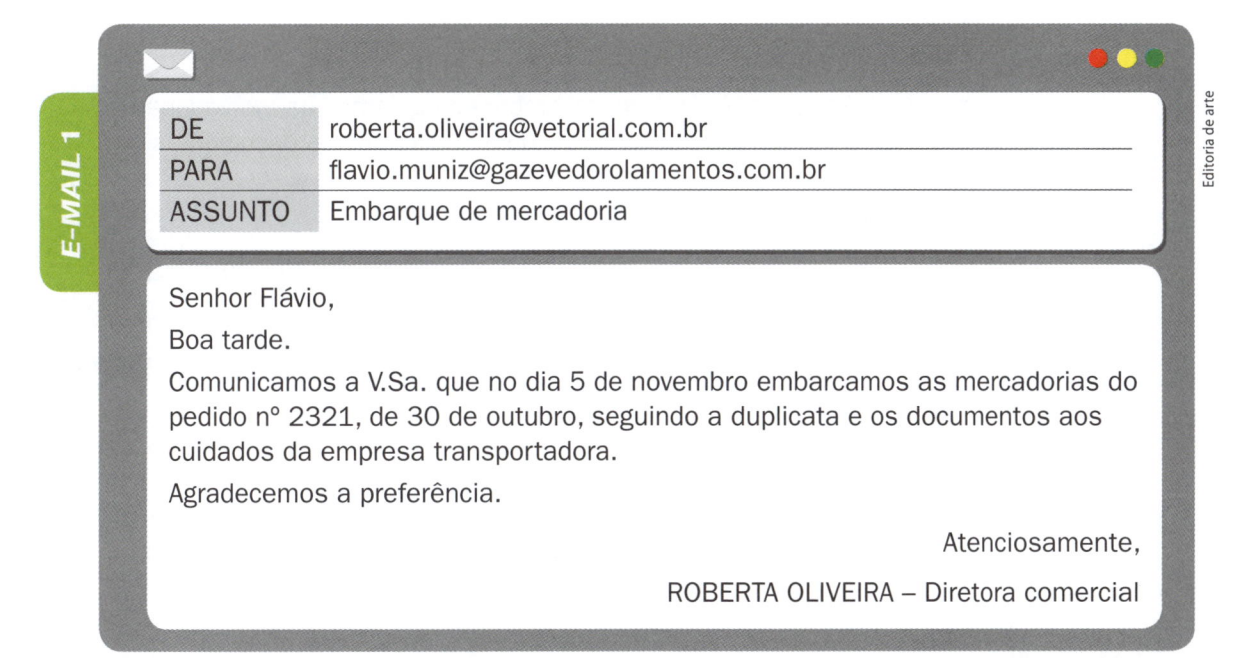

E-MAIL 1

DE	roberta.oliveira@vetorial.com.br
PARA	flavio.muniz@gazevedorolamentos.com.br
ASSUNTO	Embarque de mercadoria

Senhor Flávio,

Boa tarde.

Comunicamos a V.Sa. que no dia 5 de novembro embarcamos as mercadorias do pedido nº 2321, de 30 de outubro, seguindo a duplicata e os documentos aos cuidados da empresa transportadora.

Agradecemos a preferência.

Atenciosamente,

ROBERTA OLIVEIRA – Diretora comercial

E-MAIL 2

DE	danielmartins@lojatudo.com.br
PARA	marcellotrombelli@mmvenda.com.br
ASSUNTO	Tabela de preços e condições de venda

Prezado senhor,

Boa tarde.

Peço-lhe a gentileza de enviar-me suas listas de preços atualizadas e de informar-me as condições de venda de seus produtos.

Agradeço-lhe antecipadamente por sua breve resposta.

Cordialmente,

DANIEL MARTINS – Diretor comercial

Estudo do texto

Correspondência de informação

Releia o e-mail abaixo.

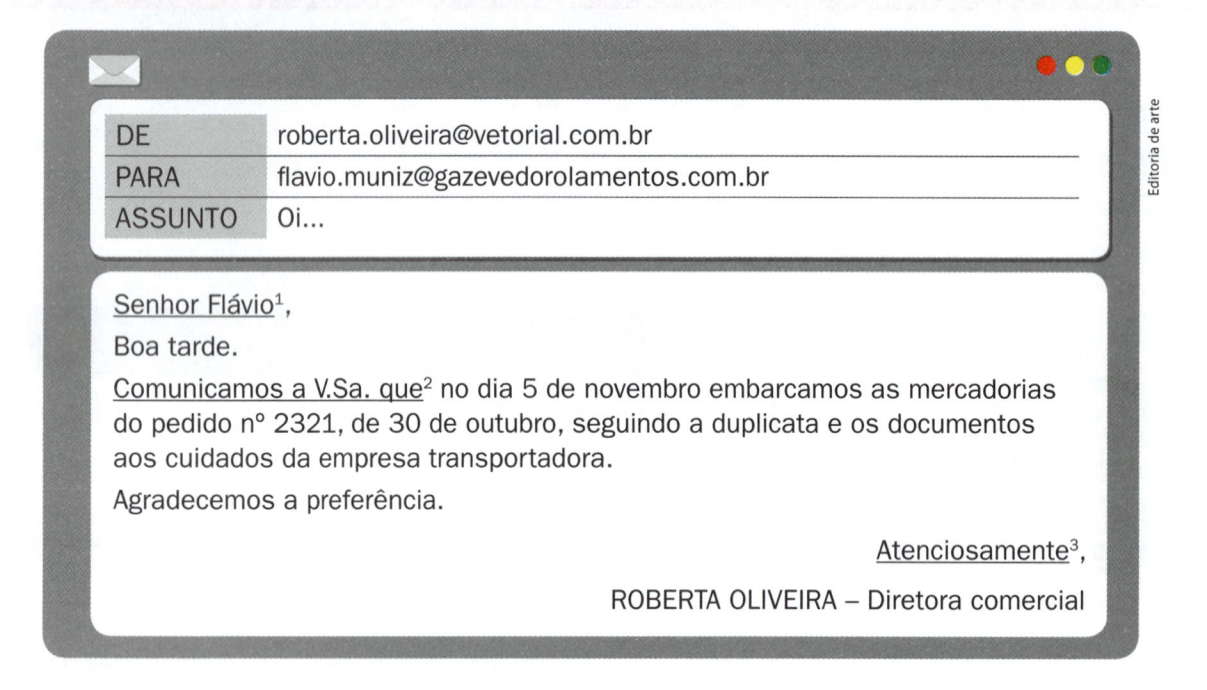

DE: roberta.oliveira@vetorial.com.br
PARA: flavio.muniz@gazevedorolamentos.com.br
ASSUNTO: Oi...

Senhor Flávio[1],
Boa tarde.
Comunicamos a V.Sa. que[2] no dia 5 de novembro embarcamos as mercadorias do pedido nº 2321, de 30 de outubro, seguindo a duplicata e os documentos aos cuidados da empresa transportadora.
Agradecemos a preferência.

Atenciosamente[3],

ROBERTA OLIVEIRA – Diretora comercial

Observe, a seguir, as partes destacadas desse e-mail.

1. **Senhor:** foi usada essa forma de tratamento mais formal para se dirigir ao representante da empresa.
   Outras possibilidades:
   Prezado senhor
   Estimado senhor
   Caro senhor

2. **Comunicamos a V.Sa. que:** o início do e-mail já deixa claro que a diretora comercial Roberta Oliveira, da empresa Vetorial, está fazendo uma comunicação ao senhor Flávio Muniz, representante da empresa G. Azevedo Rolamentos.
   Outras possibilidades:
   Comunicamo-lhe que
   Vimos por esta informar-lhe que
   Informamos a V.Sa. que

3. **Atenciosamente:** despedida formal.
   Outra possibilidade:
   Cordialmente

Correspondência de solicitação

Releia o e-mail abaixo.

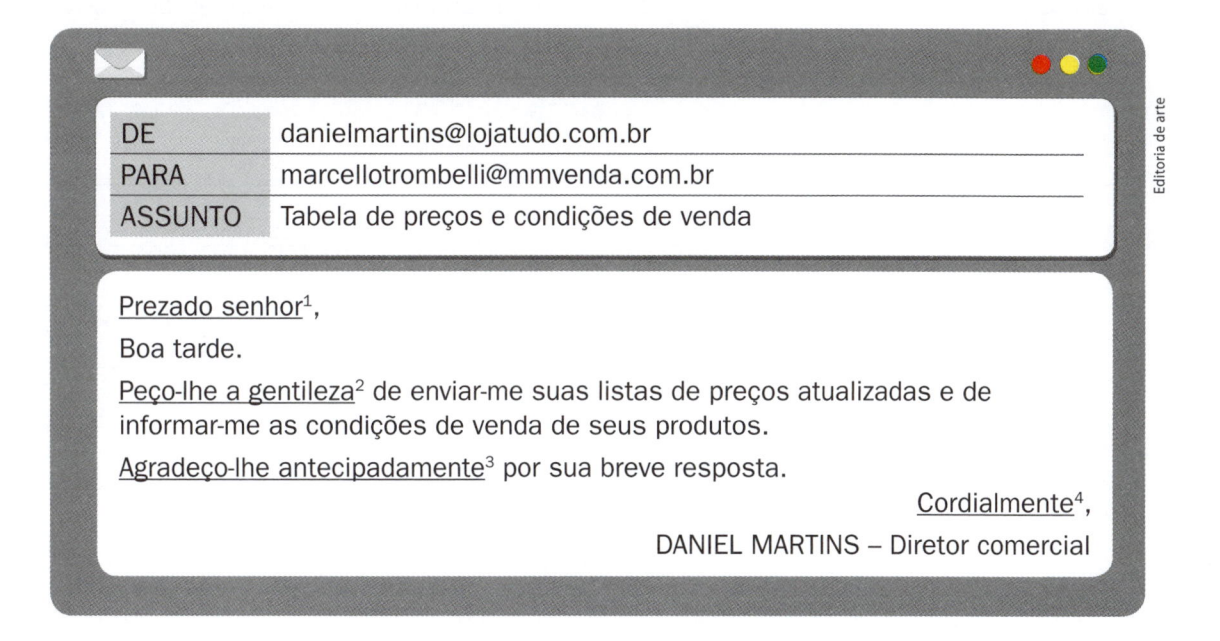

DE	danielmartins@lojatudo.com.br
PARA	marcellotrombelli@mmvenda.com.br
ASSUNTO	Tabela de preços e condições de venda

Prezado senhor[1],

Boa tarde.

Peço-lhe a gentileza[2] de enviar-me suas listas de preços atualizadas e de informar-me as condições de venda de seus produtos.

Agradeço-lhe antecipadamente[3] por sua breve resposta.

                                        Cordialmente[4],

                          DANIEL MARTINS – Diretor comercial

Observe as partes destacadas desse e-mail.

1. **Prezado senhor:** foi usada essa forma de tratamento mais formal para se dirigir ao representante da empresa.

    Outras possibilidades:

    Senhor

    Estimado senhor

2. **Peço-lhe a gentileza:** o início do e-mail já deixa claro que o diretor comercial Daniel Martins, da empresa Loja Tudo, está fazendo uma solicitação ao senhor Marcello Trombelli, representante da empresa MM Venda.

    Outras possibilidades:

    Queira V.Sa. fazer-me o favor

    Solicito a V.Sa. fineza de

3. **Agradeço-lhe antecipadamente:** despedida formal.

    Outra possibilidade:

    Antecipadamente grato

4. **Cordialmente:** despedida formal.

    Outra possibilidade:

    Atenciosamente

Produção de textos

1. Escreva o texto dos *e-mails* das páginas 18 e 19 substituindo as palavras ou expressões sublinhadas por uma das formas variantes sugeridas no **Estudo do texto**.

2. Escolha uma das propostas a seguir para escrever uma correspondência em formato de *e-mail*.

   a) Ferreira & Cia. Ltda. solicita a Irmãos Pires Ltda. o envio, com a máxima urgência, de mercadorias, conforme relação anexa. Agradece o atendimento.

   b) Paulo de Sá Ltda. solicita à Mecânica Cestari informações comerciais sobre a empresa Montes Claros Ltda. Promete sigilo e exime-a de qualquer responsabilidade. Agradece a atenção.

   c) Antônio Mattos & Cia. comunica a Oswaldo Cestari Ltda., de Natal, a visita, no início do mês de junho, de seu representante José Pereira Costa, que leva catálogos, amostras e lista de preços. Informa também os preços vantajosos e as facilidades de pagamento.

   d) Silveira & Cia. comunica a Francisco Camargo a inauguração de uma nova loja e o convida para participar do coquetel. Agradece a presença.

   e) Paulo Morais S.A. comunica a Carlos Vilaça Ltda., de Belém, o embarque, pelo Expresso Nordestino, das mercadorias solicitadas. Informa o número da fatura e o valor.

Ficha 2 — CORRESPONDÊNCIA COMERCIAL

Autor(a): _____ Data: ___/___/___

Planejamento

Antes de começar a escrever o *e-mail*, faça um planejamento. Especifique o assunto, o objetivo e o destinatário da correspondência.

Assunto:
_____

Objetivo:
_____
_____

Destinatário:
_____

Escrita

Na escrita do texto, tome os seguintes cuidados:

1. Escreva parágrafos curtos e use, de preferência, orações coordenadas.
2. Empregue vocabulário preciso.
3. Dê informações objetivas.

_____
_____
_____
_____
_____
_____
_____
_____
_____
_____

Oficina de escritores • 7º ano • Projeto A: Clube da correspondência

Revisão

Observe se no texto escrito estão presentes todos os elementos de uma correspondência comercial. Verifique também se há palavras ou frases que podem ser eliminadas ou substituídas.

Roteiro de revisão	Avaliação do autor		Avaliação do leitor	
	SIM	NÃO	SIM	NÃO
Gênero textual				
1. Organiza a correspondência de acordo com os elementos presentes nesse gênero: local e data, saudação, desenvolvimento, despedida, assinatura do remetente?				
Coerência				
1. Seleciona informações, fatos ou opiniões relacionados ao objetivo da correspondência?				
Coesão				
1. Emprega recursos linguísticos que dão continuidade ao texto?				
2. Constrói frases claras com vocabulário preciso?				
Adequação à norma-padrão				
1. Respeita as convenções da escrita (ortografia/acentuação) e as normas gramaticais (pontuação, concordância, regência, colocação)?				
Edição do texto				
1. Foi escrita com legibilidade, uniformidade de margens e ausência de rasuras?				

Comentários do leitor (colegas e/ou professor):

_____
_____
_____
_____
_____
_____
_____
_____
_____

Autor(a): _____

Reescrita

DE	
PARA	
ASSUNTO	

Edição final

Prepare a edição de seu texto de acordo com o padrão de uma correspondência comercial.

3 OFÍCIO

Ofício é uma comunicação adotada no serviço público entre autoridades da mesma categoria, entre autoridades e particulares, entre inferiores e superiores hierárquicos. Esse tipo de comunicação obedece a uma estrutura padrão. Vamos conhecê-la nas páginas seguintes.

Santo André, 20 de agosto de 2020.

Senhor Secretário Municipal de Esportes,

O centro esportivo da Escola Estadual Dr. José Fornari organizou, por ocasião do quinquagésimo aniversário deste estabelecimento de ensino, um torneio envolvendo diferentes modalidades esportivas (voleibol, basquetebol, pingue-pongue, xadrez e natação), do qual participarão alunos das várias escolas estaduais do município.

Solicitamos a V.Sa. a permissão para utilizar, nos dias 14 e 15 do mês de setembro, o Centro Municipal de Esportes para a realização desse evento.

Certos de merecer sua atenção, subscrevemo-nos atenciosamente,

Manuel Rodrigues
Diretor

Ao Senhor Secretário Municipal de Esportes
Prefeitura Municipal de Santo André

Estudo do texto

A estrutura de um ofício é fixa. Observe no quadro abaixo os elementos do gênero.

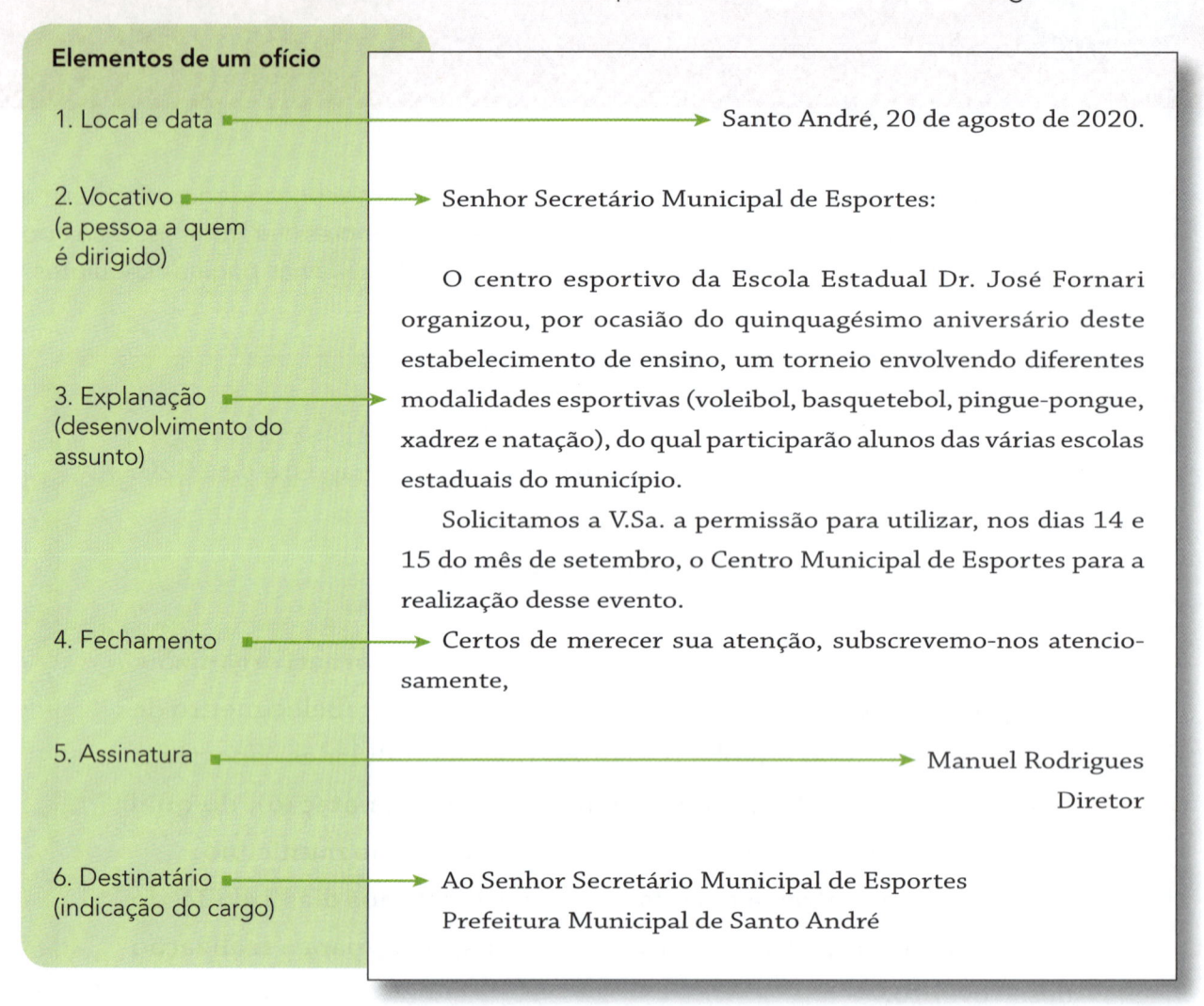

Elementos de um ofício

1. Local e data → Santo André, 20 de agosto de 2020.

2. Vocativo (a pessoa a quem é dirigido) → Senhor Secretário Municipal de Esportes:

3. Explanação (desenvolvimento do assunto) →

O centro esportivo da Escola Estadual Dr. José Fornari organizou, por ocasião do quinquagésimo aniversário deste estabelecimento de ensino, um torneio envolvendo diferentes modalidades esportivas (voleibol, basquetebol, pingue-pongue, xadrez e natação), do qual participarão alunos das várias escolas estaduais do município.

Solicitamos a V.Sa. a permissão para utilizar, nos dias 14 e 15 do mês de setembro, o Centro Municipal de Esportes para a realização desse evento.

4. Fechamento → Certos de merecer sua atenção, subscrevemo-nos atenciosamente,

5. Assinatura → Manuel Rodrigues
Diretor

6. Destinatário (indicação do cargo) → Ao Senhor Secretário Municipal de Esportes
Prefeitura Municipal de Santo André

Produção de textos

Escolha uma das propostas a seguir e escreva um ofício.

1. Como presidente do centro esportivo do seu colégio, você tem que redigir um ofício convidando outros colégios a participar de um torneio que será realizado nele. Escreva o ofício para os presidentes dos centros esportivos das escolas convidadas.

2. Como presidente do Clube de Leitura, dirija-se, por meio de um ofício, ao prefeito de sua cidade consultando-o sobre a possibilidade de o poder público colaborar numa campanha para aumentar o acervo da biblioteca do colégio.

3. Reúna-se com três colegas. Pensem em um pedido ou comunicado que vocês gostariam de fazer a um órgão público (prefeitura ou secretaria). Quando concluírem o ofício, devem enviá-lo à autoridade competente (prefeito, vereador ou secretário).

Ficha 3 — OFÍCIO

Autor(a): _____ Data: ___/___/___

Planejamento

Antes de começar a escrever o ofício, faça, individualmente ou em grupo, o planejamento do texto. Procure definir com clareza o destinatário, o pedido e as justificativas.

Destinatário: (Pessoa para quem você vai escrever o ofício)

_____
_____

Pedido: (Finalidade do ofício)

_____
_____
_____

Justificativas: (Motivos que levaram você ou seu grupo a fazer o pedido)

_____
_____
_____
_____

Escrita

Na escrita do ofício, procure oferecer informações claras e precisas. Para isso, utilize somente as palavras necessárias para a comunicação.

_____
_____
_____
_____
_____
_____
_____
_____

Oficina de escritores • 7º ano • Projeto A: Clube da correspondência

Revisão

Observe se estão presentes todos os elementos de uma correspondência oficial. Verifique também se há palavras ou frases que podem ser eliminadas ou substituídas.

Roteiro de revisão	Avaliação do autor		Avaliação do leitor	
	SIM	NÃO	SIM	NÃO
Gênero textual				
1. Demonstra domínio do gênero ofício, estruturando-o de acordo com os elementos presentes nesse gênero?				
Coerência				
1. Seleciona informações e fatos pertinentes ao objetivo do ofício?				
Coesão				
1. Emprega recursos linguísticos que dão continuidade ao texto?				
2. Constrói frases claras com vocabulário preciso?				
Adequação à norma-padrão				
1. Respeita as convenções da escrita (ortografia/acentuação) e as normas gramaticais (pontuação, concordância, regência, colocação)?				
Edição do texto				
1. Escreve com legibilidade, uniformidade de margens e ausência de rasuras?				

Comentários do leitor (colegas e/ou professor):

_____
_____
_____
_____
_____
_____
_____
_____
_____
_____
_____

Autor(a): _____

Reescrita

Edição final

Prepare a edição de seu texto em papel-ofício.

4 REQUERIMENTO

Para você fazer um pedido a uma autoridade, pode escrever um texto que apresenta estrutura fixa e linguagem objetiva: o **requerimento**. Nele, você expõe apenas o pedido e solicita que seja deferido, isto é, que seja atendido.

Vamos conhecê-lo.

Leia o requerimento a seguir.

Sr. Diretor da Escola Estadual Dr. José Fornari

Mariana Medeiros, aluna regularmente matriculada no sétimo ano do Ensino Fundamental desta escola, vem respeitosamente solicitar a V.Sa. a expedição dos documentos necessários à sua transferência para outro estabelecimento de ensino.

Nestes termos, pede deferimento.

São Paulo, 7 de julho de 2020.

Mariana Medeiros

Estudo do texto

O requerimento possui a seguinte estrutura.

Autoridade
(A quem se dirige o pedido)

Sr. Diretor da Escola Estadual Dr. José Fornari

Texto
A. Nome da(o) solicitante
B. Identificação da(o) solicitante
C. Exposição do que solicita

A. Mariana Medeiros, B. aluna regularmente matriculada no sétimo ano do Ensino Fundamental desta escola, C. vem respeitosamente solicitar a V.Sa. a expedição dos documentos necessários à sua transferência para outro estabelecimento de ensino.

Fechamento
D. Fórmula convencional
E. Local e data
F. Assinatura

D. Nestes termos, pede deferimento.

E. São Paulo, 7 de julho de 2020.

F. Mariana Medeiros

Observações

1. Num requerimento, as expressões "abaixo-assinado", "muito respeitosamente" e outras que não são mais usadas atualmente e/ou são desnecessárias devem ser abolidas.

2. O nome do solicitante deve vir acompanhado de informações que o identifiquem. Por exemplo, no caso do requerimento de Mariana Medeiros, ela se identificou como aluna da Escola Estadual Dr. José Fornari.

3. Para fazer o pedido, pode-se usar uma das seguintes formas:
   a) *pede a V.Sa....*
   b) *solicita a V.Sa. que...*
   c) *vem solicitar a V.Sa....*
   d) *requer a V.Sa....*

4. As fórmulas convencionais de requerimento admitem as variações a seguir:
   a) *Pede e aguarda deferimento – P. e A. D.*
   b) *Termos em que pede deferimento.*
   c) *Espera deferimento – E. D.*
   d) *Aguarda deferimento – A. D.*

Produção de textos

Há muitos anos, quando o poeta Vinicius de Moraes morava em Itapuã, na Bahia, enviou uma petição rimada ao então prefeito Clériston Andrade, por meio das páginas do jornal *A Tarde*. Leia-a.

Rio Vermelho (Salvador),
em casa de Jorge Amado,
28 de novembro de 1973

Prefeito Clériston Andrade,
A quem ainda não conheço:
Quero tomar a liberdade
Que eu nem sequer sei se mereço
De vir pedir-lhe, em causa justa,
Um obséquio que, sem favor
Muito honraria (e pouco custa!)
Ao Prefeito de Salvador.
Existe ali no Principado
Livre e autônomo de Itapoã
Uma ruazinha que, sem embargo,
Pertence à sua jurisdição
Uma rua não sem poesia
E cujo título é dar teto
A uma das glórias da Bahia:
O governador Calazans Neto.
Dizer do estado dessa ruela
(Das Amoreiras) eu não arrisco
Porque, sem esgotos, correm nela
Rios de... valha-me o asterisco!

E isso é uma pena, Senhor Prefeito,
Pois Calazans e sua gravura
Têm cada dia mais procura
De fato como de direito.
O que constrange os visitantes
Com boa margem de estrangeiros
É, entre gravuras fascinantes,
Ver quadros nada lisonjeiros.
Calce essa rua, Senhor Alcaide,
E eu lhe garanto que algum dia
Pro domo sua, esta Cidade
O há de lembrar com mais valia.
Na expectativa de que acorde
Um novo "Cumpra-se" sem mais
Aqui se assina, muito ex-corde
O seu
Vinicius de Moraes.

Vinicius de Moraes. *Correspondência de Vinicius de Moraes*. In: Ruy Castro (Org.). São Paulo: Companhia das Letras, 2003.

A todos é garantido o direito de petição, ou seja, qualquer pessoa pode se dirigir a uma autoridade pública fazendo um pedido, levando uma informação, buscando um esclarecimento. A autoridade não é obrigada a responder, mas não pode recusar a petição.

A petição pode ser feita não só em forma de requerimento, mas também de carta ou de ofício.

Escolha uma das propostas a seguir e escreva um requerimento.

1. Vamos supor que Vinicius de Moraes quisesse fazer o pedido ao então prefeito de Salvador de acordo com os padrões de comunicação oficial: requerimento, carta ou ofício. É evidente que a linguagem e a organização do texto seriam diferentes. Propomos a você que escreva a petição ao prefeito de Salvador como se fosse o poeta, mas em forma de requerimento.

2. Assim como Vinicius de Moraes, você também pode fazer um pedido a uma autoridade (prefeito, vereador, diretor, professor, inspetor de alunos, presidente de uma sociedade de amigos do bairro). Escreva sua petição de acordo com o padrão de um requerimento.

3. Escreva um requerimento ao diretor da sua escola solicitando transferência de período.

4. Redija um requerimento ao diretor da sua escola solicitando o certificado de conclusão do Ensino Fundamental.

5. Redija um requerimento ao diretor da sua escola solicitando abono de faltas. Justifique o motivo.

Ficha 4 — REQUERIMENTO

Autor(a): _____ Data: ___/___/___

Planejamento

Antes de começar a escrever o requerimento, faça um planejamento. Procure definir com clareza a autoridade a quem será dirigido, o solicitante e o pedido.

Autoridade: (A quem se destina o requerimento)
_____
_____

Solicitante: (Nome e identificação)
_____
_____

Pedido: (Finalidade do requerimento)
_____
_____
_____
_____

Escrita

Na escrita do requerimento, siga a estrutura linguística presente nesse tipo de documento.
_____
_____
_____
_____
_____
_____
_____
_____
_____
_____

Oficina de escritores • 7º ano • Projeto A: Clube da correspondência

Revisão

Observe se estão presentes no texto todos os elementos de um requerimento. Verifique também se há palavras ou trechos que podem ser eliminados ou substituídos. Para os demais itens, siga o **Roteiro de revisão**.

Roteiro de revisão	Avaliação do autor		Avaliação do leitor	
	SIM	NÃO	SIM	NÃO
Gênero textual				
1. Demonstra domínio do gênero requerimento, estruturando-o de acordo com os elementos presentes nesse gênero?				
Coerência				
1. Seleciona informações e fatos pertinentes ao objetivo do requerimento?				
Coesão				
1. Emprega recursos linguísticos que dão continuidade ao texto?				
2. Constrói frases claras com vocabulário preciso?				
Adequação à norma-padrão				
1. Respeita as convenções da escrita (ortografia/acentuação) e as normas gramaticais (pontuação, concordância, regência, colocação)?				
Edição do texto				
1. Escreve com legibilidade, uniformidade de margens e ausência de rasuras?				

Comentários do leitor (colegas e/ou professor):

_____
_____
_____
_____
_____
_____
_____
_____
_____
_____

Autor(a): _____

Reescrita

Edição final

Prepare a edição de seu texto em papel-ofício.

5 PROCURAÇÃO

Procuração é um documento pelo qual uma pessoa dá a outra poderes para agir em seu nome. Pode ser por instrumento particular (escrita de próprio punho ou digitada com reconhecimento de firma) ou por instrumento público (lavrada por tabelião em cartório).

Quem concede a procuração é denominado **mandante**, **constituinte** ou **outorgante**. Aquele para quem é passada a procuração chama-se **mandatário**, **procurador** ou **outorgado**.

Lavra-se a procuração em papel-ofício. Inicia-se o texto com identificação e qualificação completa do outorgante e depois do outorgado. Em seguida, especificam-se os poderes, definindo a finalidade e o prazo de validade da procuração. A localidade, a data e a assinatura devem aparecer depois do texto.

PROCURAÇÃO

Por este instrumento particular de procuração, ANDREIA SIMÕES MARINO, RG 27.337.882, brasileira, solteira, estudante, residente e domiciliada em São Paulo, na Rua Lucerna, 612, aluna do Colégio Recanto da Juventude, nomeia e constitui seu bastante procurador o Sr. EDUARDO PENTEADO, RG 20.132.425, brasileiro, solteiro, estudante, residente e domiciliado no Rio de Janeiro, na Avenida Nova Cantareira, 1.050, para o fim especial de realizar a matrícula da outorgante no Colégio Santo Inácio, no primeiro ano do Ensino Médio, para o ano letivo de 2021, podendo o outorgado assinar todos os atos que se tornem necessários para o bom e fiel cumprimento do presente mandato, assim como subestabelecer.

São Paulo, 4 de dezembro de 2020.

Andreia Simões Marino

Subestabelecer: nomear alguém como substituto; passar para outrem encargo ou procuração.

Estudo do texto

A procuração apresenta a seguinte estrutura.

PROCURAÇÃO

Por este instrumento particular de procuração, *(nome do outorgante)*, *(identificação do outorgante)*, residente e domiciliado em *(endereço do outorgante)*, nomeia e constitui seu bastante procurador *(nome do outorgado)*, *(identificação do outorgado)*, residente e domiciliado *(endereço do outorgado)*, para o fim especial de *(objetivo da procuração)*, podendo o outorgado assinar todos os atos que se tornem necessários para o bom e fiel cumprimento do presente mandato, assim como substabelecer.

(Local), *(data)*

(Identificação do outorgante)

(Assinatura do outorgante)

Produção de textos

Escreva uma procuração para um colega da turma, concedendo-lhe o direito de comprar, vender ou trocar – em seu nome – alguma coisa bem original.

Ficha 5 — PROCURAÇÃO

Autor(a): _____ Data: ___/___/___

Planejamento

Antes de começar a escrever a procuração, faça um planejamento. Procure definir com clareza o outorgante, o outorgado e os poderes outorgados.

Outorgante: (Nome e identificação)

_____

_____

Outorgado: (Nome e identificação)

_____

_____

Poderes outorgados:

_____

_____

_____

_____

Escrita

Na escrita da procuração, siga a estrutura linguística presente nesse gênero.

_____

_____

_____

_____

_____

_____

_____

_____

_____

_____

Revisão

Observe se estão presentes todos os elementos de uma procuração. Verifique também se há palavras ou frases que podem ser eliminadas ou substituídas. Para os demais itens, siga o **Roteiro de revisão** abaixo.

Roteiro de revisão	Avaliação do autor		Avaliação do leitor	
	SIM	NÃO	SIM	NÃO
Gênero textual				
1. Demonstra domínio do gênero procuração, estruturando-o de acordo com os elementos presentes nesse gênero?				
Coerência				
1. Seleciona informações e fatos pertinentes ao objetivo da procuração?				
Coesão				
1. Emprega recursos linguísticos que dão continuidade ao texto?				
2. Constrói frases claras com vocabulário preciso?				
Adequação à norma-padrão				
1. Respeita as convenções da escrita (ortografia/acentuação) e as normas gramaticais (pontuação, concordância, regência, colocação)?				
Edição do texto				
1. Escreve com legibilidade, uniformidade de margens e ausência de rasuras?				

Comentários do leitor (colegas e/ou professor):

_____
_____
_____
_____
_____
_____
_____
_____
_____
_____

Autor(a): _____

Reescrita

Edição final

Digite a procuração, imprima-a, assine-a e entregue-a para o colega a quem você concedeu o direito de comprar, vender ou trocar, em seu nome, o produto que você considerou bem original.

6 CURRÍCULO

O **currículo** – registro da história profissional e educacional de uma pessoa – é um documento elaborado para destacar as habilidades e realizações dessa pessoa em linguagem objetiva, clara e concisa.

O currículo pode ser feito de várias maneiras. O importante é que, por meio dele, o empregador possa formar uma ideia do perfil do candidato. Por isso, é essencial ter todo o cuidado ao elaborar esse documento.

Veja, a seguir, um modelo de currículo.

BRUNA GARCIA PONTES

Nascimento: 10/02/2001
Cel.: (12) 8115-2563
São Sebastião – SP
E-mail: bruninhagp@hotmail.com

OBJETIVO PROFISSIONAL	Trabalhar como modelo.
ESCOLARIDADE	Cursando o nono ano do Ensino Fundamental no Colégio Módulo, em Caraguatatuba – SP.
CURSOS	Inglês – Instituto English Town – Nível básico – 2018. Curso de modelo pela Agência TOP, em Caraguatatuba – janeiro de 2019.
EXPERIÊNCIA PROFISSIONAL	Desfile de moda da coleção outono-inverno das lojas do Shopping Praia Mar, em Caraguatatuba. (09/2019)
	Fotos para cartaz de publicidade das Óticas Pontal, em São Sebastião. (08/2019)
	Assistente de produção da agência de publicidade ArtFix, em Caraguatatuba. (02/2019 a 06/2019)
	Desfile de moda da coleção de outono da loja PIXI, em São Sebastião, no Guaecá Praia Clube. (07/2019)
	Campanha publicitária do Colégio Harmonia, em São Sebastião. (03/2020 a 04/2020)

Veja a seguir outro modelo de currículo feito por uma jovem formada no Ensino Médio.

IDENTIFICAÇÃO	Pietra Mauro de Souza 23 anos Solteira Rua das Rosas, 2153 – Vila Mariana – SP
OBJETIVO	Assistente administrativa, recepcionista
QUALIFICAÇÃO PROFISSIONAL	• Digitação • Experiência em serviços administrativos • Atendimento ao cliente • Conhecimentos básicos de informática
FORMAÇÃO	2013-2015 – Centro Educacional EFD – Curitiba – PR Ensino Médio
EXPERIÊNCIA PROFISSIONAL	2018-2019 – Escritório de Advocacia Freitas – Curitiba – PR Secretária • Digitação de relatórios (Word) • Atendimento telefônico • Arquivamento e controle de documentos • Atendimento ao cliente 2017 – Grupo Brindel – Curitiba – PR Recepcionista • Atendimento ao cliente • Controle de agenda 2016-2017 – Empresa Vieira Dantas – Curitiba – PR Assistente administrativa • Digitação de documentos • Arquivamento de documentos • Atendimento telefônico
CURSOS	2018 – Escola InfoCenter – Curitiba – PR • Informática básica (Windows/Word/Excel) 2019 – English Now – Curitiba – PR • Curso de Inglês

Estudo do texto

Currículo é um documento que fornece dados gerais sobre a vida pessoal, a formação educacional e as atividades profissionais de um indivíduo.

A palavra *currículo* vem da língua latina e significava "corrida". Depois passou a indicar "carreira".

O currículo serve a várias situações: solicitação de emprego, solicitação de bolsa de estudo, comprovação de qualificação pública, apresentação em congresso etc.

O currículo apresenta, em geral, a seguinte estrutura.

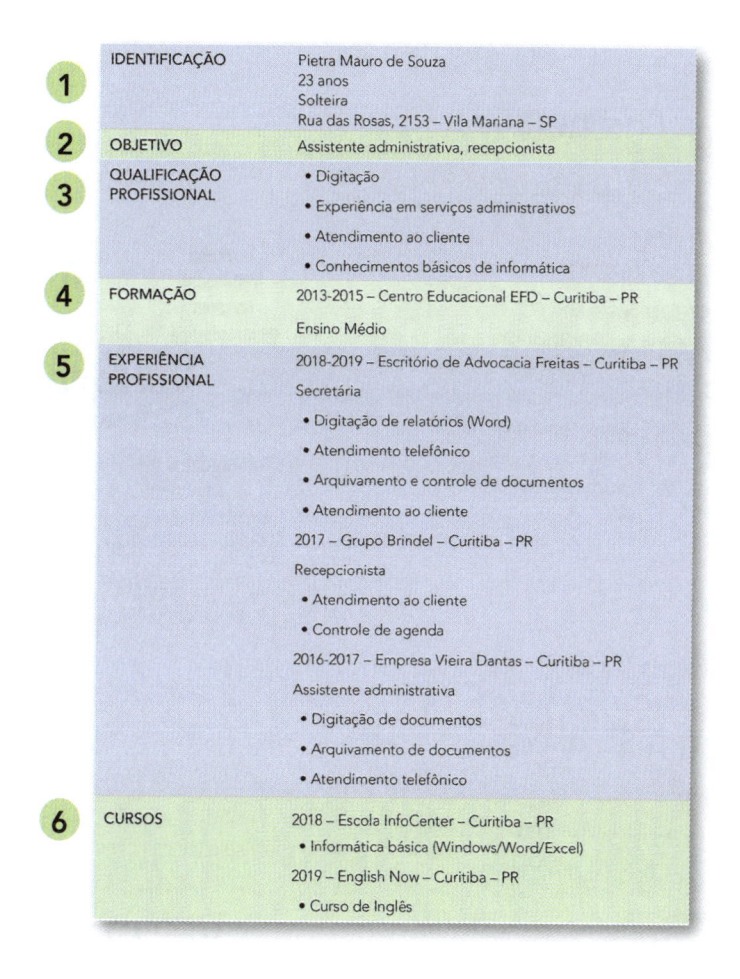

1	IDENTIFICAÇÃO	Pietra Mauro de Souza 23 anos Solteira Rua das Rosas, 2153 – Vila Mariana – SP
2	OBJETIVO	Assistente administrativa, recepcionista
3	QUALIFICAÇÃO PROFISSIONAL	• Digitação • Experiência em serviços administrativos • Atendimento ao cliente • Conhecimentos básicos de informática
4	FORMAÇÃO	2013-2015 – Centro Educacional EFD – Curitiba – PR Ensino Médio
5	EXPERIÊNCIA PROFISSIONAL	2018-2019 – Escritório de Advocacia Freitas – Curitiba – PR Secretária • Digitação de relatórios (Word) • Atendimento telefônico • Arquivamento e controle de documentos • Atendimento ao cliente 2017 – Grupo Brindel – Curitiba – PR Recepcionista • Atendimento ao cliente • Controle de agenda 2016-2017 – Empresa Vieira Dantas – Curitiba – PR Assistente administrativa • Digitação de documentos • Arquivamento de documentos • Atendimento telefônico
6	CURSOS	2018 – Escola InfoCenter – Curitiba – PR • Informática básica (Windows/Word/Excel) 2019 – English Now – Curitiba – PR • Curso de Inglês

1. **Identificação:** nome, idade, estado civil, endereço.
2. **Objetivo:** especificação do cargo pretendido pelo candidato.
3. **Qualificação profissional:** funções que desempenha.
4. **Formação:** especificação dos cursos realizados (Ensino Fundamental, Ensino Médio, Ensino Superior), nomes das instituições e períodos.
5. **Experiência profissional:** nomes das empresas em que trabalhou e períodos. Em geral, ordena-se do emprego mais atual ao menos atual.
6. **Cursos:** nomes de cursos técnicos e de idiomas realizados, instituições e períodos.

Produção de textos

1. Leia alguns anúncios de emprego publicados em jornais, revistas ou *sites*.

2. Imagine que você tenha qualificação que atenda aos requisitos exigidos para o exercício de um dos cargos. Escolha esse anúncio para enviar seu currículo.

3. Faça seu currículo.

4. Escreva um *e-mail* à empresa candidatando-se ao cargo e apresentando seu currículo.

Químico ou Engº Agrônomo

- Experiência de 5 anos na fabricação de ração animal.
- Conhecimento do idioma japonês.

Os candidatos com os requisitos acima deverão enviar currículo com pretensão salarial para o *e-mail* recrutamento.sp@qagro.com.br.

Não serão aceitos candidatos sem os requisitos acima.

Empresa tradicional no ramo de informática

ADMITE
para início imediato

VENDEDORES
Ambos os sexos

Os candidatos deverão ter Ensino Médio completo.
Experiência comprovada em vendas.
Dinamismo, iniciativa e interesse em progredir.
Oferecemos: ótima remuneração + benefícios.

Enviar C.V. para o *e-mail*:
newton.silva@unidasinformatica.com.br

Assistente administrativa
Inglês, espanhol e italiano

Empresa que atua na área de esportes em diversos países procura profissional dinâmica com os seguintes requisitos:
Inglês, espanhol, italiano e desejável alemão.
Salário compatível com o mercado, vale-transporte, vale-refeição e assistência médica.
Enviar *curriculum vitae* para o *e-mail*:
recrutamento.sp@fitesportes.com.br.

VETERINÁRIO
Procura-se

Para prestar serviço em tempo parcial ao

HARAS IMPÉRIO

Os currículos deverão ser enviados para o *e-mail*: leila.andrade@harasimperio.com.br.

Ficha 6

CURRÍCULO

Autor(a): _____ Data: ___/___/___

Planejamento

Selecione de jornais, revistas ou *sites* um anúncio de emprego. Ele servirá de base para você preparar seu currículo. Cole o anúncio no espaço abaixo.

Oficina de escritores • 7º ano • Projeto A: Clube da correspondência

Escrita

Prepare o esboço do seu currículo. Não se esqueça de incluir todas as informações solicitadas e de usar linguagem objetiva e concisa.

Identificação

Objetivo

Qualificação profissional

Formação

Experiência profissional

Cursos

Reescrita

Releia com cuidado a primeira versão do seu currículo para verificar se o texto respeita as convenções da escrita (ortografia e acentuação) e as normas gramaticais (pontuação, concordância, regência e colocação). Além disso, observe se seu texto está conciso e objetivo.

Identificação _____
_____
_____

Objetivo _____
_____
_____

Qualificação profissional _____
_____
_____
_____

Formação _____
_____
_____
_____
_____

Experiência profissional _____
_____
_____
_____
_____

Cursos _____
_____
_____
_____
_____

Autor(a): _____

Edição final

Digite seu currículo. Imprima-o e cole-o nesta página.

PROJETO **B**

LABORATÓRIO DE PERSONAGENS

Objetivo

Neste projeto, você vai escrever, editar e publicar, em um livro ou em um *blog*, a história de personagens criadas por você.

Estratégias

Para isso, você vai conhecer as diferentes perspectivas pelas quais um escritor observa e cria suas personagens:
1. as ações;
2. as falas;
3. os conflitos;
4. as características;
5. o ambiente.

Encerramento

Este projeto será encerrado de acordo com as duas etapas a seguir.
1. Cada aluno publicará seus textos em um livro e/ou a turma criará um *blog* para publicar suas produções.
2. Cada grupo fará uma apresentação teatral para interpretar algumas das personagens presentes nos livros individuais ou no *blog*.

1. Personagem
2. Ações da personagem
3. Fala da personagem (I)
4. Fala da personagem (II)
5. Discurso direto e indireto
6. Mundo interior da personagem
7. Descrição da personagem
8. Características da personagem
9. Ambiente
10. Conflito da personagem

1 PERSONAGEM

Você vai trabalhar com o elemento mais importante de uma narrativa: a personagem. Sem ela, não há história. É com base nela que a narrativa acontece.

Para criar uma personagem, você deve ser capaz de se colocar no lugar dela. Sentir como ela sente. Viver como ela vive. Ver o mundo como ela vê.

É isso que vamos treinar nas páginas seguintes.

1. Você convive com muitas pessoas. Algumas você conhece mais, outras menos. Há, no entanto, milhões que você não conhece. Em relação às pessoas com as quais convive, será que você conhece tudo sobre elas, até os pensamentos e sentimentos mais íntimos?

2. Pense agora numa personagem de telenovela, filme ou livro.
   a) Qual característica dessa personagem chama mais sua atenção?
   b) Em que a personagem de uma história é igual e diferente das pessoas com as quais você convive?

3. Você não pode criar pessoas, mas pode inventar personagens.
   a) Em que será que um autor se baseia para criar suas personagens?
   b) Por qual motivo uma personagem, embora inventada, parece, sob certos aspectos, mais real que as próprias pessoas?

O objetivo desta unidade é oferecer algumas pistas que poderão ajudá-lo a criar uma personagem, dando ao leitor a impressão de que é uma pessoa real.

Leia os dois textos a seguir.

Sonhos

Meu nome é José. Tenho 12 anos, trabalho na roça. Moro num sítio, bem afastado da cidade.

Acordo de madrugada, quando o sol ainda não saiu. Pego o caldeirão com o arroz e (quando tem) um ovo frito. Ando bem uma hora com o pai até chegar aonde está o "galo", junto do caminhão. De lá vamos pro campo cortar cana, até o sol sumir. Volto para casa e jogo os ossos na cama.

Não gosto daqui, acho que nunca vamos melhorar de vida. Meu pai trabalhou a vida inteira e até hoje minha mãe não tem nem um fogão decente. Tenho pena de meus irmãos menores, que vivem aqui sem escola, sem divertimentos.

Infância de quem mora na roça é tudo igual. Às vezes, no final de semana dá para ir até o riozinho, nadar um pouco pra refrescar. Quando o pai está disposto, até pescamos. É bom comer uns peixes – nem que seja lambari – pra variar a boia. A maior parte do tempo tenho de cuidar dos irmãos ou da criação. Não sobra tempo pra brincar.

Felicidade é quando chega o tempo das frutas. Aí é só trepar nas árvores e chupar mangas e laranjas até cansar. A mãe também faz uma geleia divina. Ninguém resiste.

Queria tanto que as coisas fossem diferentes. Fico olhando todo mundo que corta cana e acho que eles estão com uma cara de cansados. Todo mundo doente, sem dentes, manchas no rosto, um jeito de quem precisa comer mais e melhor. Por que a gente tem de trabalhar tanto pra ganhar tão pouco? Às vezes, tenho vontade de sumir daqui, ir pra cidade grande, andar de automóvel, tomar banho de chuveiro. Sei lá, tanta coisa que nem dá tempo de contar um para o outro o quanto a gente se gosta.

Amigos, não tenho muitos. Brinco com a molecada, mas acho que desde pequeno meu pai tem sido meu melhor amigo.

Deus não olha pra gente aqui no sítio. Ele manda chuva, faz as sementes crescerem, as galinhas botarem, a vaquinha dar o leite. Só que eu esperava bem mais, muito mais dele. Será que ele ainda vai se lembrar de mim?

Maria Gonçalves (aluna), 14 anos.

TEXTO 2

Passo a passo

Alguns me chamam de sapato, outros de calçado, e meu dono me chama de tênis. Tenho um ano e meio. Trabalho muito sem, no entanto, ganhar nada.

Moro embaixo de uma cama com outros colegas de profissão. Todos os dias, logo cedinho, meu dono se calça em mim e vai para o colégio. Eu não gosto muito, porque ele sempre está com o pé sujo e isso me deixa um odor não muito agradável.

Minha maior preocupação é ser jogado fora. Toda vez que chega um novo colega, eu fico preocupado.

Sobre a infância, devo confessar que não fui muito comportado. Provoquei alguns calos no meu dono.

Não poderia dizer que sou feliz, tenho um enorme complexo de inferioridade. Os outros estão sempre pisando em mim.

Se eu pudesse, no mundo todos teriam carro, que é para nossa classe não ficar velha tão rápido. Esse negócio de andar é desgastante.

Sobre o amor... vejo muito as pessoas falarem disso, inclusive vou com meu dono namorar todo dia, mas nunca encontrei a sandália da minha vida.

Meu melhor amigo é um par de tênis velho que mora vizinho a mim. Ele sofre mais que eu. É com ele que meu dono joga futebol.

Se acredito em Deus? É claro que sim. Todas as noites rezo para que ninguém pise no meu dono no outro dia.

Elaine Amorim (aluna), 13 anos.

Estudo do texto

Na leitura dos dois textos, você deve ter observado que o autor "finge" ser alguém diferente dele. Veja:

| Texto 1 | Autor: Maria Gonçalves | Personagem: José |
| Texto 2 | Autor: Elaine Amorim | Personagem: Tênis |

Nesses textos, o que está sendo apresentado é o ponto de vista das personagens, não das autoras. Ao fazer isso, tanto Maria Gonçalves quanto Elaine Amorim se comportam como atrizes que, numa peça de teatro ou num filme, assumem uma máscara – a personagem – e falam como se fossem ela. Ou seja:

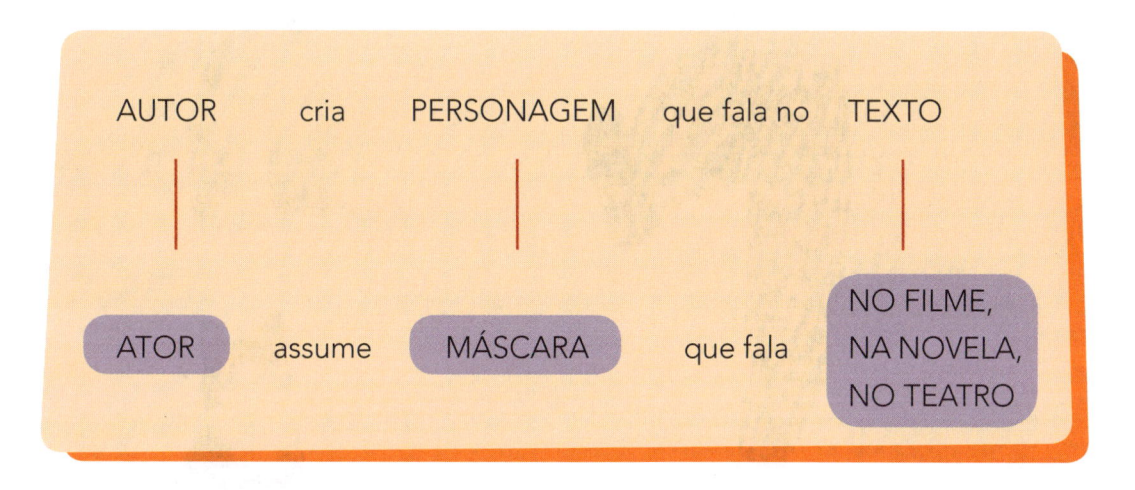

AUTOR cria PERSONAGEM que fala no TEXTO
| | | |
ATOR assume MÁSCARA que fala NO FILME, NA NOVELA, NO TEATRO

Para nos referirmos a essa máscara, usamos a palavra *personagem*, que vem de *persona*, palavra do latim que significa "máscara".

Para criar uma personagem, é necessário, portanto, que o autor passe a viver, sentir, falar e ver o mundo como ela o faz.

As autoras dos dois textos lidos incorporaram as personagens, assim como todos os elementos que as caracterizam:

a) o lugar onde vivem;
b) a maneira de falar;
c) o que fazem;
d) a visão de mundo: o que pensam e o que sentem.

Por meio dessas perspectivas, podemos conhecer um pouco da vida das personagens de cada um dos textos.

Produção de textos

Quando você escreve um texto, não é necessário contar a própria vida, isto é, contar o que faz, pensa ou sente. Você pode escrever sendo outra pessoa.

Nos dois textos que você leu, as autoras se colocaram no lugar de personagens. Vamos fazer o mesmo? Escreva uma história como se você fosse alguém diferente. Pode ser uma pessoa, um animal ou um objeto qualquer.

Oferecemos, a seguir, sugestões de algumas personagens que você poderá assumir para criar seu texto.

Projeto B • Laboratório de personagens 59

Etapas da criação da personagem

1. Escolha a personagem.

2. Pense: Onde vive? Com quem vive? Como é? Quais são as preocupações e os medos dela? Quais são os sonhos e os desejos dela? Enquanto estiver pensando, desenhe a personagem e anote o que achar importante sobre ela.

3. Seus colegas farão uma entrevista com você. Responda às perguntas como se fosse a personagem escolhida.

Veja a seguir algumas perguntas que seus colegas poderão fazer.
Atenção: É proibido perguntar para o entrevistado quem ele é.

Entrevista

1. Onde você mora?
2. Como você é?
3. O que faz na vida?
4. Como é a sua vida?
5. O que mais o preocupa no dia a dia?
6. Como foi sua infância?
7. Se pudesse, o que mudaria no mundo?
8. Do que você tem medo?
9. Você tem amigos? Quem são eles?
10. Você é feliz?
11. O que é o amor para você?
12. Quem é seu melhor amigo?

Ficha 1 — PERSONAGEM

Autor(a): _____ Data: ___/___/___

Planejamento

Antes de começar a escrever, desenhe sua personagem e anote alguns dados sobre ela.

Nome: _____

Idade: _____

Principais características: _____
_____

Onde vive: _____
_____

Preocupações: _____
_____

Sonhos: _____
_____
_____
_____

Oficina de escritores • 7º ano • Projeto B: Laboratório de personagens

Escrita

Escreva o texto. Narre os fatos como se você fosse a personagem escolhida. Se preferir, pode basear-se nas respostas da entrevista. Viva na imaginação aquilo que está contando.

Revisão

Nesta etapa, você fará a revisão do seu texto. Releia-o como se estivesse lendo o texto de um colega. Não tenha medo de substituir, retirar ou acrescentar palavras ou frases. Você pode guiar-se pelo **Roteiro de revisão** abaixo para fazer a revisão.

Roteiro de revisão	Avaliação do autor		Avaliação do leitor	
	SIM	NÃO	SIM	NÃO
Gênero textual				
1. O texto oferece elementos para o leitor imaginar a personagem?				
2. O texto seleciona aspectos significativos da vida da personagem?				
Coerência				
1. O texto atende à proposta?				
2. Os fatos contados no texto têm uma sequência coerente?				
3. Predomina uma ideia central no texto?				
Coesão				
1. As frases estão claras?				
2. O vocabulário empregado está adequado e preciso?				
3. Não há repetição desnecessária de palavras?				
Adequação à norma-padrão				
1. As palavras estão escritas corretamente?				
2. Os sinais de acentuação são usados adequadamente?				
3. Os sinais de pontuação são utilizados de modo correto?				
Edição do texto				
1. A letra está legível?				
2. As margens estão regulares?				
3. Há espaço para indicar o início dos parágrafos?				
4. Não há rasuras no texto?				

Comentários do leitor (colegas e/ou professor):

_____
_____
_____
_____

Autor(a): _____

Reescrita

Edição final

Prepare a edição do seu texto de acordo com o suporte no qual você vai publicá-lo: livro ou *blog*. Crie uma ilustração para ele. Para isso, selecione um momento da história para ser ilustrado com um desenho ou uma foto.

2 AÇÕES DA PERSONAGEM

Uma das maneiras de conhecer uma personagem é acompanhar o que ela faz. Por isso, para construí-la, você deve observar e relatar em detalhes as ações dela.

É isso que veremos a seguir.

Na gravação de um filme ou de uma novela, o diretor, para dar início à filmagem, diz:

AÇÃO!

Ao acompanhar uma história na televisão, no cinema, no teatro, em um livro, você observa uma sequência de fatos. Acompanha a personagem e as ações que ela realiza, uma após a outra. Assim, fica sabendo o que acontece pelo conjunto das ações.

No texto a seguir, você observará o que acontece acompanhando o que a personagem faz, isto é, as ações dela.

> Fui surpreendido no jardim, procurando meu ovo de Páscoa, pela dona Sônia. Nada mais infantil!... O problema era meu pijama de bolinhas. Por que eu não o joguei fora de uma vez?
>
> São Paulo é mesmo uma selva! Meu pai e minha mãe resolveram, sem me consultar, fazer um piquenique no Ibirapuera. Compraram peru defumado, doces no Amor em Fatias, coca dietética não sei pra que, já que as calorias dos doces passavam de duzentas mil. Não faltou toalha xadrez e cesta de vime.
>
> Acho que fiquei sobrando. Enquanto os dois namoravam, em plena Páscoa, minha única opção foi conversar com o Meleca. Ofereci a ele uns restos mortais de peru. Até ele teve mais sorte, pois se engraçou com uma gata vira-lata, como ele.
>
> Nossos vizinhos de piquenique foram assaltados por um bando de pivetes. Enquanto caminhávamos (os vizinhos e nós), os moleques levaram uma cesta de piquenique. Papai e mamãe gritaram que estavam levando a cesta. Quando os vizinhos contaram que não haviam levado cesta alguma, descobrimos que tinha sido a nossa.
>
> Nenhum guarda ou um desses camburões para fazer ocorrência. Seria muito engraçado dar parte de uma carcaça de peru defumado, toalha xadrez, cesta de vime, pratos e copos descartáveis. [...]
>
> Thelma Guimarães Castro Andrade. *O diário (nem sempre) secreto de Pedro*.
> São Paulo: Atual, 2009.

Estudo do texto

Ações da personagem

Para contar uma história, o narrador acompanha sempre a personagem, relatando o que ela faz, o que fala, o que pensa e sente, como é, onde está.

Observe este trecho do texto que você acabou de ler.

> Acho que fiquei sobrando. Enquanto os dois namoravam, em plena Páscoa, minha única opção foi conversar com o Meleca. Ofereci a ele uns restos mortais de peru. Até ele teve mais sorte, pois se engraçou com uma gata vira-lata, como ele.

Visão específica das ações

No trecho acima, o narrador não diz apenas o que aconteceu (que Pedro ficou "sobrando"), mas procura conduzir o leitor a visualizar a cena. Para isso, acompanha em detalhes as ações da personagem (Pedro conversou com o gato de estimação, ofereceu restos de peru a ele e depois o viu se "engraçar" com uma gata vira-lata).

Se o narrador tivesse escrito apenas que Pedro ficou sozinho, o leitor não conseguiria imaginar tudo o que aconteceu. Ao apresentar uma visão específica (detalhada) das ações da personagem, o narrador permite que o leitor veja e viva na imaginação a história que está sendo contada.

Produção de textos

Escreva uma pequena história contando as ações específicas (detalhadas) de uma personagem que esteja vivenciando uma das situações a seguir:

- Ela acordou tarde.
- Ele foi assaltado.
- Um temporal desabou na cidade.
- Naquela noite, alguém a seguiu pela rua deserta.

Ficha 2 — AÇÕES DA PERSONAGEM

Autor(a): _____ Data: ___/___/___

Planejamento

1. Antes de começar a escrever, escolha uma das situações propostas na página anterior (ação geral).

2. Anote o maior número de ações específicas da personagem na história.

Oficina de escritores • 7º ano • Projeto B: Laboratório de personagens

Escrita

Focalize um momento em que a personagem esteja praticando uma ação. Por exemplo, se você for contar que ela acordou tarde, restrinja-se ao momento em que a personagem está acordando. Não diga ao leitor que ela acordou tarde. Deixe-o deduzir, com base nas ações específicas, o fato ocorrido.

Revisão

Releia. Elimine. Acrescente. Substitua. Corrija. Nesta revisão, preste atenção a dois aspectos: evite a repetição excessiva de uma mesma palavra, em especial do pronome, e construa frases curtas. Para os demais itens, guie-se pelo **Roteiro de revisão**.

Roteiro de revisão	Avaliação do autor		Avaliação do leitor	
	SIM	NÃO	SIM	NÃO
Gênero textual				
1. As ações específicas praticadas pela personagem estão relacionadas a uma ação geral?				
2. O leitor consegue "imaginar" e acompanhar a personagem?				
Coerência				
1. O texto atende à proposta?				
2. Os fatos contados no texto têm uma sequência coerente?				
3. Predomina uma ideia central no texto?				
Coesão				
1. As frases estão claras?				
2. O vocabulário empregado está adequado e preciso?				
3. Não há repetição desnecessária de palavras?				
Adequação à norma-padrão				
1. As palavras estão escritas corretamente?				
2. Os sinais de acentuação são usados adequadamente?				
3. Os sinais de pontuação são utilizados de modo correto?				
Edição do texto				
1. A letra está legível?				
2. As margens estão regulares?				
3. Há espaço para indicar o início dos parágrafos?				
4. Não há rasuras no texto?				

Comentários do leitor (colegas e/ou professor):

_____
_____
_____
_____

Autor(a): _____

Reescrita

Edição final

Prepare a edição do seu texto de acordo com o suporte no qual você vai publicá-lo: livro ou *blog*. Selecione um momento da história e ilustre-o com um desenho ou uma foto.

3 FALA DA PERSONAGEM (I)

As falas são um importante recurso de caracterização da personagem. Por meio delas, podemos conhecer um pouco sobre a personagem retratada. É isso que veremos a seguir.

Conhecemos as pessoas com as quais convivemos pelo que falam e pela maneira como falam. Também numa história, a fala da personagem pode revelar muito a respeito dela: sentimentos (afeto, carinho, raiva, medo etc.), lugar de origem, conflitos etc.

Em um filme ou em uma peça teatral, a personagem age o tempo todo, revelando o que faz, sente, pensa.

Ator em ensaio para apresentação de peça teatral.

Numa história escrita, nem sempre é revelado tudo o que a personagem falou ou pode ter falado. Há textos em que ela fala muito, outros em que fala pouco, e outros, ainda, em que não fala nada.

No texto a seguir, "Amor de trás pra frente", o narrador fala sobre a amizade entre Irene e Edson. Durante as falas, as personagens conversam sobre palíndromo. Você sabe o que é isso? Leia o texto para descobrir.

Projeto B • Laboratório de personagens 71

Amor de trás pra frente

Confiar mesmo, Edson só confiava em Irene. Há quantos anos já os dois eram amigos? Ora, a vida toda! Os dois nasceram e cresceram vizinhos, juntos, aprendendo a andar ao mesmo tempo, a cair e a levantar juntos, dividindo mamadeiras e chocalhos, enquanto as mães tagarelavam tranquilas vendo os dois brincarem como irmãos quase gêmeos.

Só nunca estudaram na mesma escola. O resto era igual. Edson lembrava-se das tardes de chuva, dos longos jogos de banco imobiliário e pega-varetas. [...]

Lembrava-se até da fase de alfabetização, em que os dois riram juntos quando um conseguiu desenhar no papel o nome do outro. É claro que, naquela ocasião, o que escreveram foi "Didi" e "Lene", que era como um chamava o outro naquela época e na certa para sempre.

Lembrava-se do dia em que descobriu que uma música do Caetano Veloso, que diz "Irene ri", era um palíndromo...

— Pali... o quê?!

— Palíndromo é uma frase que fica igual quando lida de trás para a frente, Didi. "Irene ri" ou "a Irene ria" dá certo, lido da esquerda para a direita ou da direita para a esquerda!

— Joia!

Os dois tinham aí por uns doze anos e, durante algum tempo, os palíndromos viraram mania entre eles.

— Descobri um genial num almanaque lá na escola, Lene. Escreva aí: "Socorram-me, subi no ônibus em Marrocos". Está vendo? Dá certinho!

— Ora, que coisa mais idiota, Didi... Por que alguém pediria socorro só porque subiu num ônibus?

— Palíndromo é palíndromo, Lene. Não tem de fazer sentido. Só tem de dar certo.

— Então aqui vai um que dá certo: "Nós de Edson".

— Ui! Essa até doeu, Lene!

— Ué! E o tal "Irene ri"?

— Ora, Irene ri, não ri? E eu não tenho nenhuma "nós" no bolso...

No dia seguinte, Irene tinha aparecido com a cara mais marota do mundo:

— Didi, imagine quando Adão teve o primeiro encontro com Eva. Daí, ele tinha de se apresentar, não é? E [...] diz: "Madam, I'm Adam"!

— O quê?

— É um palíndromo em inglês, Didi. "Madame, eu sou Adão." Li que é o mais famoso em língua inglesa. É como o nosso "Roma me tem amor".

Os dois viviam pesquisando nos livros da escola, em revistas e até lendo frases de cartazes de trás para a frente, para descobrir novas ideias para a brincadeira. E inventavam novas:

[...]

— "A tâmara cara mata!"

— Ui, essa foi demais, Didi! Mas ouça só esta: "Ai do danado dia"...

— Gostei!

— E esta? Ouça só: "Sem o dia, ai do mês".

— Grande!

[...]

— "A grama é amarga."

— Deve ser mesmo, mas eu nunca experimentei!

Certa vez, Edson estava excitadíssimo:

— Lene, você nem imagina! Fiz um poema palindromático!

— O certo é palindromático ou palindromístico?

— Sei lá! Ficou maluco, mas deu certinho: "Sós, somos os sós. Mas sapos só passam. Sós, só somos sós...". Que tal?

— Nunca vi sapo em poesia! Nos poemas tem pomba, canário...

— Ora, se tem sapo em conto de fadas, por que não em poesia?

— Parece aquela coisa de poesia moderna da aula de Literatura, Didi.

— E esta? "Essa pedra, você, covarde, passe!"

— Mais forçado impossível, Lene!

Lembranças boas...

Lembranças...

Pedro Bandeira. *Histórias apaixonadas*. São Paulo: Ática, 2011.

Estudo do texto

Seleção das falas

Ao ler esse texto, assim como qualquer história, você pode ter a impressão de que o narrador contou tudo o que as personagens podem ter falado. Mas, na verdade, no texto aparecem as falas mais importantes, que interessam à história. Nesse caso, essas falas se referem ao jogo dos dois amigos de descobrir palíndromos, frases que ficam iguais quando lidas de trás para a frente.

Reprodução das falas

Observe este trecho do texto.

> Os dois tinham aí por uns doze anos e, durante algum tempo, os palíndromos viraram mania entre eles.
> — Descobri um genial num almanaque lá na escola, Lene. Escreva aí: "Socorram-me, subi no ônibus em Marrocos". Está vendo? Dá certinho!
> — Ora, que coisa mais idiota, Didi... Por que alguém pediria socorro só porque subiu num ônibus?
> — Palíndromo é palíndromo, Lene. Não tem de fazer sentido. Só tem de dar certo.
> — Então aqui vai um que dá certo: "Nós de Edson".
> — Ui! Essa até doeu, Lene!
> — Ué! E o tal "Irene ri"?
> — Ora, Irene ri, não ri? E eu não tenho nenhuma "nós" no bolso...
> No dia seguinte, Irene tinha aparecido com a cara mais marota do mundo:
> — Didi, imagine quando Adão teve o primeiro encontro com Eva. Daí, ele tinha de se apresentar, não é? E [...] diz: "Madam, I'm Adam"!
> — O quê?
> — É um palíndromo em inglês, Didi. "Madame, eu sou Adão." Li que é o mais famoso em língua inglesa. É como o nosso "Roma me tem amor".

Para reproduzir a fala das personagens, o autor usou os seguintes recursos:

a) A fala aparece em parágrafo.
b) A fala é antecedida por travessão.
c) Um novo parágrafo é aberto sempre que muda a personagem que fala.

Produção de textos

No texto "Amor de trás pra frente", você acompanhou o diálogo entre dois amigos. Crie você também um texto que seja um diálogo entre duas ou mais personagens.

Podem ser personagens humanas, como:

a) mãe – filho(a);
b) pai – filho(a);
c) avô(ó) – neto(a);
d) amigo – amiga;
e) namorado – namorada.

Podem ser personagens não humanas, como:

a) lápis – borracha;
b) Sol – Lua;
c) árvore – terra;
d) sapato – pé.

Podem ser as personagens das imagens a seguir.

LightField Studios/Shutterstock

TRATONG/SHUTTERSTOCK

MONKEY BUSINESS IMAGES/
SHUTTERSTOCK

76 **Projeto B** • Laboratório de personagens

Ficha 3 — FALA DA PERSONAGEM (I)

Autor(a): _____ Data: ___/___/___

Planejamento

Escolha as personagens que vão dialogar no seu texto. Defina o assunto principal da conversa entre elas e as características de cada personagem.

ASSUNTO: _____

Personagem A _____

1. Características:
_____
_____

2. Sonhos:
_____
_____

3. Preocupações:
_____
_____

Personagem B _____

1. Características:
_____
_____

2. Sonhos:
_____
_____

3. Preocupações:
_____
_____

Oficina de escritores • 7º ano • Projeto B: Laboratório de personagens

Escrita

Procure registrar falas que, além de estarem relacionadas ao assunto, acrescentem novos dados à história, criando no leitor a expectativa do que vai acontecer. Não se esqueça de informar o tempo e o lugar dos acontecimentos.

Revisão

Na revisão do texto que você criou, observe atentamente as falas das personagens. Tome os cuidados a seguir.

1. Use travessão para indicar o início da fala.

2. Selecione as falas mais significativas, isto é, aquelas que, de acordo com o assunto, são mais interessantes para a sequência da história.

Para os demais itens, guie-se pelo **Roteiro de revisão**.

Roteiro de revisão	Avaliação do autor		Avaliação do leitor	
	SIM	NÃO	SIM	NÃO
Gênero textual				
1. As falas selecionadas permitem ao leitor conhecer as personagens?				
2. As falas estão relacionadas a um assunto principal?				
Coerência				
1. O texto atende à proposta?				
2. Os fatos contados no texto têm uma sequência coerente?				
3. Predomina uma ideia central no texto?				
Coesão				
1. As frases estão claras?				
2. O vocabulário empregado está adequado e preciso?				
3. Não há repetição desnecessária de palavras?				
Adequação à norma-padrão				
1. As palavras estão escritas corretamente?				
2. Os sinais de acentuação são usados adequadamente?				
3. Os sinais de pontuação são utilizados de modo correto?				
Edição do texto				
1. A letra está legível?				
2. As margens estão regulares?				
3. Há espaço para indicar o início dos parágrafos?				
4. Não há rasuras no texto?				

Comentários do leitor (colegas e/ou professor):

_____
_____

Autor(a): _____

Oficina de escritores • 7º ano • Projeto B: Laboratório de personagens

Reescrita

Edição final

Prepare a edição de seu texto de acordo com o suporte no qual você vai publicá-lo: livro ou *blog*.

4 FALA DA PERSONAGEM (II)

Ao contar uma história, o narrador pode apresentar ao leitor a fala da personagem usando uma das opções a seguir.

> 1. O narrador reproduz a fala tal como foi dita pela personagem. Neste caso, ele deixa a personagem falar por si mesma.

> 2. O narrador conta para o leitor o que a personagem falou. Neste caso, ele fala pela personagem.

Vamos ver essas duas maneiras de apresentar as falas das personagens nos textos a seguir.

TEXTO 1

Espírito de equipe

Na carpintaria...
Produzindo móveis com qualidade pelo espírito de equipe.
Contam que na carpintaria houve uma vez uma estranha reunião de ferramentas, para tirar as suas diferenças.

O martelo exerceu a presidência, entretanto o notificaram que teria de renunciar.

Por quê? Fazia demasiado ruído, e, também, passava o tempo todo golpeando.

O martelo aceitou a sua culpa, mas pediu que também fosse expulso o parafuso. Disse que ele necessitava dar muitas voltas para que servisse para alguma coisa.

Ante ao ataque, o parafuso aceitou também, mas na sua vez pediu a expulsão da lixa. Provou que era muito áspera em seu tratamento e sempre teria atritos com os demais. A lixa esteve de acordo, com a condição que também fosse expulso o metro, que sempre ficava medindo os demais segundo sua medida, como se fora o único perfeito.

Bruno Badain/Manga Mecânica

Projeto B • Laboratório de personagens 81

Nisso entrou o carpinteiro, colocou o avental e iniciou o seu trabalho. Utilizou o martelo, a lixa, o metro e o parafuso.

Finalmente, a grossa madeira inicial se converteu em um lindo móvel.

Quando a carpintaria ficou novamente só, a reunião recomeçou.

Disse o serrote:

— Senhores, foi demonstrado que todos temos defeitos, entretanto o carpinteiro trabalha com nossas qualidades. Isso é o que nos faz valiosos. Assim, superemos nossos pontos negativos e concentremo-nos na utilidade de nossos pontos positivos.

[...]

Alexandre Rangel. *As mais belas parábolas de todos os tempos*. v. 1. Petrópolis, RJ: Vozes, 2015. p. 108-109.

TEXTO 2

Espírito de equipe

Na carpintaria...

Produzindo móveis com qualidade pelo espírito de equipe.

Contam que na carpintaria houve uma vez uma estranha reunião de ferramentas, para tirar as suas diferenças.

O martelo exerceu a presidência, entretanto o notificaram que teria de renunciar.

— Por que tenho de renunciar?

O serrote respondeu:

— Você faz muito ruído e, além disso, passa o tempo todo golpeando.

— Tudo bem, mas quero que o parafuso seja expulso também, pois precisa dar muitas voltas para servir para alguma coisa.

O parafuso respondeu:

— Aceito a minha expulsão, mas quero que a lixa seja expulsa também, pois é muito áspera e já teve atrito com todo mundo.

A lixa respondeu:

— Tudo bem, mas quero que o metro seja expulso também, pois sempre fica medindo os demais como se fosse o único perfeito.

Nisso entrou o carpinteiro, colocou o avental e iniciou o seu trabalho. Utilizou o martelo, a lixa, o metro e o parafuso.

Finalmente, a grossa madeira inicial se converteu em um lindo móvel.

Quando a carpintaria ficou novamente só, a reunião recomeçou.

Disse o serrote:

— Senhores, foi demonstrado que todos temos defeitos, entretanto o carpinteiro trabalha com nossas qualidades. Isso é o que nos faz valiosos. Assim, superemos nossos pontos negativos e concentremo-nos na utilidade de nossos pontos positivos.

(Adaptado para esta obra).

Estudo do texto

Você deve ter percebido que esses textos apresentam semelhanças e diferenças. No texto 1, o narrador conta o que as personagens falaram. Observe:

> Ante ao ataque, o parafuso aceitou também, mas na sua vez pediu a expulsão da lixa. Provou que era muito áspera em seu tratamento e sempre teria atritos com os demais.

No texto 2, o narrador reproduz as falas das personagens tal como foram ditas. Veja:

> O parafuso respondeu:
> — Aceito a minha expulsão, mas quero que a lixa seja expulsa também, pois é muito áspera e já teve atrito com todo mundo.

Ao contar uma história, o narrador pode escolher uma dessas opções para revelar o que as personagens falam.

O uso da fala direta possibilita:

a) dar maior realismo à história;

b) aproximar mais a personagem do leitor;

c) caracterizar a personagem.

Você também deve ter observado que:

a) a fala é introduzida por travessão;

b) a fala aparece em parágrafo.

> O serrote respondeu:
> — Você faz muito ruído e, além disso, passa o tempo todo golpeando.

1. Nas piadas a seguir, o narrador reproduz as falas das personagens tal como foram ditas. Reescreva as piadas como se o narrador estivesse contando o que as personagens falaram.

    a) A professora disse para o Joãozinho:
    — Sua redação sobre o cachorro está igualzinha à do seu irmão!
    E o menino justificou:
    — É que o cachorro é o mesmo, professora!

    _____
    _____
    _____
    _____
    _____
    _____
    _____

    b) O guia do museu disse para os visitantes:
    — Este esqueleto de dinossauro tem dois mil anos, dois meses e quinze dias.
    Um dos turistas se espantou:
    — Como o senhor sabe a idade com tanta precisão?
    — É que quando eu entrei para o museu ele tinha dois mil anos. Mais o tempo que eu estou trabalhando aqui...

    _____
    _____
    _____
    _____
    _____
    _____
    _____
    _____
    _____
    _____

2. Ao reproduzir a fala da personagem, devem-se usar o travessão e o parágrafo. Isso, no entanto, não foi feito nos textos abaixo. Copie-os, usando corretamente o travessão e abrindo parágrafo quando necessário.

TEXTO 1

O homem chegou nervoso na mercearia ao lado do teatro e disse: Quero comprar todos os tomates e os ovos podres! Já sei. O senhor vai ao teatro ver o novo comediante, não é? Fala baixo. Eu sou o novo comediante.

TEXTO 2

O cara foi ao oculista. O que está escrito no cartaz? Não dá pra ler, doutor. A frase maior, a de cima. Não dá. Então, que letrona é essa aqui? Onde, doutor? Na parede. Que parede?

3. Nas piadas a seguir, o narrador está contando o que as personagens falaram. Reescreva-as, reproduzindo as falas das personagens tal como foram ditas.

PIADA 1

O jovem executivo chegou à porta do céu. São Pedro perguntou o que ele achava de suas más ações.

E ele respondeu que teve algumas. Mas vendeu todas na alta.

_____
_____
_____
_____

PIADA 2

O freguês disse para o garçom que aquela galinha estava com uma perna maior que a outra.

E o garçom perguntou se ele queria comer a galinha ou dançar com ela.

_____
_____
_____
_____

PIADA 3

O menino comentou com um amigo que estava triste, porque o irmão disse que o venderia por um real.

O amigo respondeu que ele tinha sorte. O irmão dele disse que o daria de graça.

_____
_____
_____
_____

Produção de textos

Você pode contar uma mesma história de diferentes modos.

Escolha uma história em quadrinhos e conte-a em forma de texto. Decida se o narrador vai contar o que as personagens falaram ou se vai reproduzir as falas tal como foram ditas.

Ficha 4 — FALA DA PERSONAGEM (II)

Autor(a): _____ Data: ___/___/___

Planejamento

Organize os dados da história que você vai contar. Escreva o nome e as características das personagens e o resumo da história. Escolha qual tipo de narrador você vai ser: narrador-observador (aquele que apenas conta a história) ou narrador-personagem (aquele que conta e participa da história). Se optar em ser narrador-personagem, deverá escolher qual personagem você será (A, B, C ou D).

Personagem A
1. Nome: _____
2. Características: _____
_____
_____

Personagem B
1. Nome: _____
2. Características: _____
_____
_____

Personagem C
1. Nome: _____
2. Características: _____
_____
_____

Personagem D
1. Nome: _____
2. Características: _____
_____
_____

Narrador
Escolha quem será o narrador da história:
Narrador-observador: _____
Narrador-personagem (personagem A): _____
Narrador-personagem (personagem B): _____
Narrador-personagem (personagem C): _____
Narrador-personagem (personagem D): _____

Resumo
_____
_____
_____
_____

Oficina de escritores • 7º ano • Projeto B: Laboratório de personagens

Escrita

Ao escrever a história, tenha em mente se o narrador vai reproduzir as falas tal como foram ditas pelas personagens ou se vai contar ao leitor o que as personagens falaram.

Revisão

Ao reler e revisar seu texto, observe se, além de contar o que a personagem estava fazendo, você também contou o que ela estava pensando e sentindo. Enquanto estiver escrevendo e relendo sua história, pergunte-se: Neste momento, o que a personagem pensou? O que sentiu? Para uma revisão do texto, você pode guiar-se pelo **Roteiro de revisão**.

Roteiro de revisão	Avaliação do autor		Avaliação do leitor	
	SIM	NÃO	SIM	NÃO
Gênero textual				
1. As ações, as falas e as características das personagens estão relatadas de modo coerente com a posição assumida pelo narrador?				
2. As falas são adequadas às personagens?				
Coerência				
1. O texto atende à proposta?				
2. Os fatos contados no texto têm uma sequência coerente?				
3. Predomina uma ideia central no texto?				
Coesão				
1. As frases estão claras?				
2. O vocabulário empregado está adequado e preciso?				
3. Não há repetição desnecessária de palavras?				
Adequação à norma-padrão				
1. As palavras estão escritas corretamente?				
2. Os sinais de acentuação são usados adequadamente?				
3. Os sinais de pontuação são utilizados de modo correto?				
Edição do texto				
1. A letra está legível?				
2. As margens estão regulares?				
3. Há espaço para indicar o início dos parágrafos?				
4. Não há rasuras no texto?				

Comentários do leitor (colegas e/ou professor):

_____
_____
_____
_____

Autor(a): _____

Reescrita

Edição final

Prepare a edição do seu texto de acordo com o suporte no qual vai publicá-lo: livro ou *blog*.

5 DISCURSO DIRETO E INDIRETO

A reprodução da fala é um importante recurso para conhecer uma personagem.

Os dois processos básicos para reproduzir a fala das personagens em uma história são o **discurso direto** e **indireto**.

Leia o texto a seguir, em que o autor utiliza o discurso direto para reproduzir as falas das personagens.

Negócio de menino com menina

O menino, de uns dez anos, pés no chão, vinha andando pela estrada de terra da fazenda com a gaiola na mão. Sol forte de uma hora da tarde. A menina, de uns nove anos, ia de carro com o pai, novo dono da fazenda. Gente de São Paulo. Ela viu o passarinho na gaiola e pediu ao pai:

— Olha que lindo! Compra pra mim?

O homem parou o carro e chamou:

— Ô menino.

O menino voltou, chegou perto, carinha boa. Parou do lado da janela da menina. O homem:

— Esse passarinho é pra vender?

— Não senhor.

O pai olhou para a filha com uma cara de deixa pra lá. A filha pediu suave como se o pai tudo pudesse:

— Fala pra ele vender.

O pai, mais para atendê-la, apenas intermediário:

— Quanto você quer pelo passarinho?

— Não tou vendendo não, senhor.

A menina ficou decepcionada e segredou: — Ah, pai, compra.

Ela não considerava, ou não aprendera ainda, que negócio só se faz quando existe um vendedor e um comprador. No caso, faltava o vendedor. Mas o pai era um homem de negócios, águia da Bolsa, acostumado a encorajar os mais hesitantes ou a virar a cabeça dos mais recalcitrantes:

— Dou dez mil.

— Não senhor.

— Vinte mil.

— Vendo não.

Projeto B • Laboratório de personagens

O homem meteu a mão no bolso, tirou o dinheiro, mostrou três notas, irritado.
— Trinta mil.
— Não tou vendendo, não, senhor.
O homem resmungou "que menino chato" e falou pra filha:
— Ele não quer vender. Paciência.
A filha, baixinho, indiferente às impossibilidades da transação:
— Mas eu queria. Olha que bonitinho.
O homem olhou a menina, a gaiola, a roupa encardida do menino, com um rasgo na manga, o rosto vermelho de sol.
— Deixa comigo.
Levantou-se, deu a volta, foi até lá. A menina procurava intimidade com o passarinho, dedinho nas gretas da gaiola. O homem, maneiro, estudando o adversário:
— Qual é o nome deste passarinho?
— Ainda não botei nome nele, não. Peguei ele agora.
O homem, quase impaciente:
— Não perguntei se ele é batizado não, menino. É pintassilgo, é sabiá, é o quê?
— Aaaah. É bico-de-lacre.
A menina, pela primeira vez, falou com o menino:
— Ele vai crescer?
O menino parou os olhos pretos nos olhos azuis.
— Cresce nada. Ele é assim mesmo, pequenininho.
O homem:
— E canta?
— Canta nada. Só faz chiar assim.
— Passarinho besta, hein?
— É. Não presta pra nada, é só bonito.
— Você pegou ele dentro da fazenda?
— É. Aí no mato.
— Essa fazenda é minha. Tudo que tem nela é meu.
O menino segurou com mais força a alça da gaiola, ajudou com a outra mão nas grades. O homem achou que estava na hora e falou já botando a mão na gaiola, dinheiro na outra mão.
— Dou quarenta mil, pronto. Toma aqui.
— Não senhor, muito obrigado.
O homem, meio mandão:
— Vende isso logo, menino. Não tá vendo que é pra menina?
— Não, não tou vendendo não.
— Cinquenta mil! Toma! — e puxou a gaiola.
Com cinquenta mil se comprava um saco de feijão, ou dois pares de sapatos, ou uma bicicleta velha.
O menino resistiu, segurando a gaiola, voz trêmula.
— Quero não, senhor. Tou vendendo não.
— Não vende por quê, hein? Por quê?

O menino acuado, tentando explicar:

— É que eu demorei a manhã todinha pra pegar ele e tou com fome e com sede, e queria ter ele mais um pouquinho. Mostrar pra mamãe...

O homem voltou para o carro, nervoso. Bateu a porta, culpando a filha pelo aborrecimento.

— Viu no que dá mexer com essa gente? É tudo ignorante, filha. Vam'bora.

O menino chegou pertinho da menina e falou baixo, para só ela ouvir:

— Amanhã eu dou ele pra você.

Ela sorriu e compreendeu.

Ivan Ângelo. *O ladrão de sonhos*. São Paulo: Ática, 2007.

Estudo do texto

Discurso direto e indireto

O narrador, para relatar a fala das personagens, pode usar basicamente os dois recursos a seguir.

- **Discurso direto** – reproduz textualmente as palavras da personagem. Veja:

> O menino chegou pertinho da menina e falou baixo, para só ela ouvir:
> — **Amanhã eu dou ele pra você.**

- **Discurso indireto** – transmite com as próprias palavras a fala da personagem. Observe:

> O menino chegou pertinho da menina e falou baixo só para ela ouvir **que no dia seguinte daria o passarinho para ela**.

A diferença básica entre discurso direto e discurso indireto é a mudança de emissor. No discurso direto, o emissor é a personagem; no discurso indireto, é o narrador. A opção por uma dessas formas depende do narrador, do contexto da narrativa e da intencionalidade.

Verbos de elocução

Observe os verbos destacados:

> Ela viu o passarinho na gaiola e **pediu** ao pai:
> — Olha que lindo! Compra pra mim?
> O homem parou o carro e **chamou**:
> — Ô menino.

O narrador empregou os verbos "pediu" e "chamou" para indicar a personagem que fala. Essa é a função dos **verbos de elocução**.

Veja alguns verbos de elocução:

- **dizer** (afirmar, declarar);
- **responder** (retrucar, replicar);
- **exclamar** (gritar, bradar);
- **exortar** (aconselhar);
- **perguntar** (indagar, interrogar);
- **contestar** (negar, objetar);
- **pedir** (solicitar, rogar);
- **ordenar** (mandar, determinar).

Além desses verbos de sentido geral, existem outros, mais específicos, mais caracterizadores da fala da personagem, como **sussurrar**, **murmurar**, **balbuciar**, **cochichar**, **segredar**, **esclarecer**, **sugerir**, **soluçar**, **comentar**, **propor**, **convidar**, **cumprimentar**, **repetir**, **estranhar**, **insistir**, **prosseguir**, **continuar**, **ajuntar**, **acrescentar**, **concordar**, **consentir**, **anuir**, **intervir**, **repetir**, **rosnar**, **berrar**, **protestar**, **contrapor**, **desculpar**, **justificar-se**, **suspirar**, **rir**, **replicar** etc.

Ao escrever, você deve selecionar o verbo de elocução que caracterize de forma mais precisa a fala da personagem.

Pontuação no discurso direto

1. A fala da personagem, no discurso direto, deve vir em parágrafo e introduzida por travessão. Observe o exemplo a seguir.

> Mamãe se alarmou.
> — Que é isso, seu Roque? Não estou entendendo nada! O senhor está querendo serrar nossa árvore? Como?

2. Os verbos de elocução são pontuados de acordo com sua posição.

    - **1ª posição – antes da fala:** separa-se por dois-pontos. Exemplo:

> Numa tentativa de desfazer o clima desagradável, mamãe ainda quis argumentar e, delicadamente, disse:
> — Se o senhor tem amor às suas pinturas, tzi Ró, eu tenho amor às minhas plantas, não acha?

- **2ª posição – depois da fala:** separa-se por travessão ou vírgula. Exemplo:

> — É. É isso mesmo! Que esta árvore vai cair fora daqui — **repetiu**, insolente.

- **3ª posição – no meio da fala:** separa-se por travessão ou vírgula. Exemplo:

> — Me desculpe, seu Roque —, **gritou-lhe** mamãe, com toda a energia —, o senhor não vai serrar a goiabeira coisíssima nenhuma!

Zélia Gattai. *Anarquistas graças a Deus*. São Paulo: Companhia das Letras, 2009.

Omissão dos verbos de elocução

Numa narrativa, nem sempre os verbos de elocução estão expressos. Costuma-se omiti-los principalmente em falas curtas ou para traduzir tensão psicológica entre as personagens. Veja o uso desse recurso no texto a seguir.

Os preguiçosos

Dois preguiçosos estão sentados, cada um na sua cadeira de balanço, sem vontade nem de balançar. Um deles diz:
— Será que está chovendo?
O outro:
— Não sei.
— Acho que está.
— Será?
— Não sei.
— Vai lá fora ver.
— Eu não. Vai você.
— Eu não.
— Chama o cachorro.
— Chama você.
— Tupi!
O cachorro entra da rua e senta entre os dois preguiçosos.
— E então?
— O cachorro tá seco...

Luis Fernando Verissimo. *O santinho*. Rio de Janeiro: Alfaguara Brasil, 2011.

Produção de textos

1. Na composição do texto a seguir, o autor empregou o discurso indireto para reproduzir a fala das personagens. Reescreva-o no caderno utilizando o discurso direto. Na reescrita, você pode eliminar algumas formas verbais ("disse" e "falou") ou substituí-las por outras.

> Eu não gostava de Dona Dalva porque ela era velha e feia e ruim. Uma vez Juca deu um assobio em aula e ela achou que era eu. Eu disse que não era. Ela disse que eu estava mentindo. Eu disse que não estava. Ela mandou eu calar a boca. Eu disse que não calava. Ela me pôs de castigo lá na frente e todo mundo riu. No fim da aula Juca levantou e confessou que ele é que tinha assobiado. Ela falou: agora é tarde. Contei para mamãe e ela foi pedir satisfação ao diretor. Exigiu que Dona Dalva me pedisse desculpas na frente dos alunos. O diretor disse que isso era impossível. Mamãe disse que não sairia dali enquanto Dona Dalva não fizesse o que ela exigia. O diretor chamou ela para dentro e escutei ele perguntando se ela ia pagar os três meses que ainda não havia pago. Ela saiu e me chamou para ir embora. No caminho disse para eu esquecer aquilo. Eu disse que não esqueceria. Jurei que não esqueceria.
>
> Luiz Vilela. *Meus oito anos*. Rio de Janeiro: Francisco Alves, 1978.

2. Com base na fotografia a seguir, escreva na ficha uma pequena história em que apareçam reproduzidas algumas falas das personagens.

Ficha 5 — DISCURSO DIRETO E INDIRETO

Autor(a): _____ Data: ___/___/___

Planejamento

Antes de começar a escrever a história, defina quem são as personagens e qual será o assunto da conversa entre elas.

a) **Personagem A**: nome e características principais
_____
_____

b) **Personagem B**: nome e características principais
_____
_____

c) **Assunto**: tema da conversa entre as personagens
_____
_____

Escrita

No processo de escrita, procure registrar falas que sejam significativas, que estejam relacionadas ao tema e acrescentem novos dados à história.

_____
_____
_____
_____
_____
_____
_____
_____
_____
_____
_____

Oficina de escritores • 7º ano • Projeto B: Laboratório de personagens

Revisão

Ao revisar o texto, observe atentamente a fala das personagens. Verifique os seguintes aspectos: falas que podem ser eliminadas; emprego adequado do discurso direto ou indireto; variação dos verbos de elocução; uso correto dos sinais de pontuação na reprodução do discurso direto. Para os demais itens, guie-se pelo **Roteiro de revisão** abaixo.

Roteiro de revisão	Avaliação do autor		Avaliação do leitor	
	SIM	NÃO	SIM	NÃO
Gênero textual				
1. São selecionadas falas adequadas relacionadas ao assunto da conversa, variando o emprego dos verbos de elocução?				
Coerência				
1. Os fatos relatados no texto estão dispostos numa sequência lógica e interligados a uma ideia central?				
2. A linguagem está adequada às personagens?				
Coesão				
1. São empregados recursos linguísticos que dão continuidade ao texto?				
2. As frases estão construídas com clareza e com vocabulário adequado?				
Adequação à norma-padrão				
1. O texto respeita as convenções da escrita (ortografia e acentuação) e as normas gramaticais (pontuação, concordância, regência, colocação)?				
Edição do texto				
1. O texto apresenta legibilidade, uniformidade de margens e ausência de rasuras?				

Comentários do leitor (colegas e/ou professor):

_____
_____
_____
_____
_____
_____
_____
_____

Autor(a): _____

Reescrita

Edição final

Com base nos comentários do leitor, edite seu texto para ser publicado no seu livro de histórias.

6 MUNDO INTERIOR DA PERSONAGEM

Em uma narrativa, uma personagem pode se revelar ao leitor não só por suas ações e falas, mas também pelos seus pensamentos, sentimentos e emoções.

Nesta unidade, você vai aprender a explorar o mundo interior de uma personagem e criar uma história que revele esse universo.

Podemos "ver" a personagem por dentro acompanhando seus pensamentos, suas emoções e seus sentimentos. Tudo isso faz parte do mundo interior dela.

Veja, no texto a seguir, como a personagem se revela por meio dos seus pensamentos.

O encontro na praça

Duas horas em ponto Pitu chegou à praça. Olhou pra um e outro lado. Descobriu Marina num banco perto da igreja. Ainda bem que ela estava sozinha, não precisava ficar envergonhado. Mesmo assim, ele sentia alguma coisa diferente. Ele nem tinha almoçado direito, pensando no bilhete. Quando foi trocar de roupa, a primeira coisa que tirou do bolso do uniforme foi o bilhete. Não queria deixá-lo no bolso, para a mãe, depois de ler, ficar gozando. Não queria que fosse pro tanque e se dissolvesse na água. Marina estava na praça, esperando. Ele precisava se armar de coragem. Fingiu que ia subindo sem vê-la. Mas Marina, muito mais desembaraçada, foi só perceber que ele vinha vindo pra começar a gritá-lo:

— Pitu! Pii-tuu! Oi, estou aqui te esperando...

Foi bom ela ter gritado, assim não dava tempo pra ele se encabular. Foi chegando, falou "aí, tudo bom?", sentou perto dela, como se já tivessem se encontrado antes como namorados. Ela não parava de falar. Pitu ficava satisfeito com isso. Sabia que, se ela parasse, ele não saberia puxar um assunto que não fosse da escola. Devia ser mesmo cedo pra namorar, como a mãe disse no dia em que recebeu o correio elegante na quermesse. Jamais seria capaz de uma declaração de amor, como leu num dos romances de amor que a mãe lia. Mas Marina não calava, falava de tudo. Quando ela resolveu falar de amor, ele ficou meio vermelho e só então sentiu-se desajeitado. Mas ela não estava querendo saber da opinião dele a respeito do que dizia. Apenas afirmava que tinha outros querendo namorar com ela, mas ela sempre quis namorar com ele. Com a mesma facilidade, ela passou para outros assuntos menos embaraçosos. O namoro estava começando mesmo, podiam falar de tudo sem segredo.

Estudo do texto

Ao ler uma história, você, como leitor, sabe muita coisa sobre a personagem: o que ela faz, como é, o que fala, o que pensa e sente. Você também pode conhecer o passado, o presente e os sonhos dela.

No texto "O encontro na praça", o narrador conta para o leitor não só as ações da personagem, mas, sobretudo, o mundo interior dela, o que ela pensa e sente. Veja:

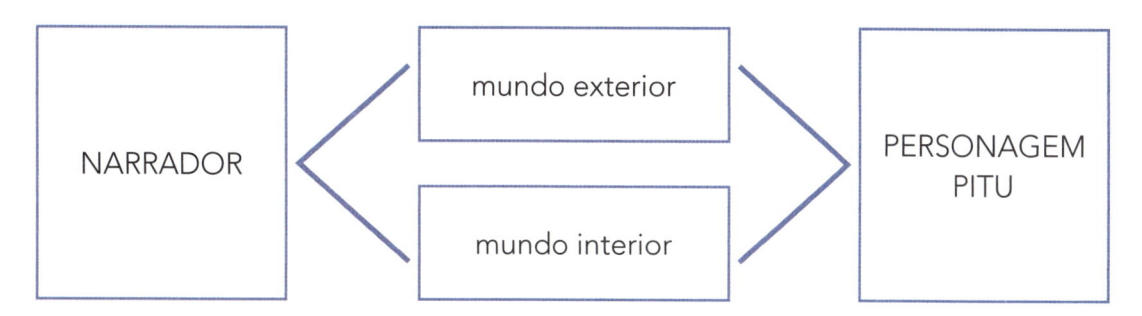

```
┌──────────┐       mundo exterior       ┌──────────────┐
│ NARRADOR │ <─────────────────────────> │  PERSONAGEM  │
│          │       mundo interior       │     PITU     │
└──────────┘                             └──────────────┘
```

Ao contar o encontro de Pitu com Marina, o narrador focaliza a personagem sob duas perspectivas:

1. Mundo exterior

O narrador revela ao leitor o que a personagem faz e fala. Por exemplo:

> Duas horas em ponto Pitu chegou à praça. Olhou pra um e outro lado. Descobriu Marina num banco perto da igreja.

2. Mundo interior

O narrador conta o que se passa no mundo interior da personagem, relatando o que ela pensa e sente. Observe:

> Ainda bem que ela estava sozinha, não precisava ficar envergonhado. Mesmo assim, ele sentia alguma coisa diferente.

Na sequência do texto, o narrador continua focalizando a personagem ora sob a perspectiva do mundo exterior, ora sob a ótica do mundo interior.

Ao ler o texto, passamos a conhecer o problema que a personagem enfrenta: superar seus medos ao encontrar-se com a futura namorada.

Produção de textos

Escolha uma das propostas a seguir e escreva uma história. Procure revelar para o leitor, além do mundo exterior da personagem, o mundo interior (os pensamentos, os sentimentos e as emoções dela).

1

Personagem: menor em situação de rua.
Lugar: rua, próximo a um farol.
Tempo: momento em que a personagem pede ajuda aos passageiros dos carros.

2

Personagem: aluno.
Lugar: sala de aula.
Tempo: momento em que a personagem recebe uma prova.

3

Personagem: jogador.
Lugar: estádio de futebol.
Tempo: momento em que a personagem vai bater um pênalti.

4

Personagem: pai.
Lugar: maternidade.
Tempo: momento em que a personagem vê o filho pela primeira vez.

5

Personagem: menina.
Lugar: pátio da escola.
Tempo: momento em que a personagem recebe uma mensagem no celular de um menino de quem gosta.

6

Você também pode escrever um texto sobre a personagem da foto. Conte qual é o nome dela, com quem ela estava, o que estava fazendo e falando até chegar na frente do espelho. Nesse momento, o que ela pensou?

Ficha 6

MUNDO INTERIOR DA PERSONAGEM

Autor(a): _____ Data: ___/___/___

Planejamento

Selecione os elementos da história que você vai criar, definindo a personagem, suas características, o lugar em que ela se encontra, o momento que está vivendo e o problema que está enfrentando.

Personagem
Características
Lugar
Momento
Problema

Oficina de escritores • 7º ano • Projeto B: Laboratório de personagens

Escrita

Ao escrever sua história, acompanhe a personagem sob duas perspectivas: mundo exterior (o que ela faz e fala) e mundo interior (o que ela pensa e sente).

Revisão

Ao reler e revisar seu texto, observe se, além de contar o que a personagem estava fazendo, você contou também o que ela estava pensando e sentindo. Ao escrever e reler sua história, pergunte-se: Neste momento, o que a personagem pensou? O que sentiu? Estas perguntas o ajudarão a explorar o mundo interior da personagem. Para uma revisão do seu texto, você pode guiar-se pelo **Roteiro de revisão**.

Roteiro de revisão	Avaliação do autor		Avaliação do leitor	
	SIM	NÃO	SIM	NÃO
Gênero textual				
1. Além do mundo exterior, o texto revela também o mundo interior da personagem?				
2. Ações, falas, pensamentos e sentimentos estão relacionados ao problema vivido pela personagem?				
Coerência				
1. O texto atende à proposta?				
2. Os fatos contados no texto têm uma sequência coerente?				
3. Predomina uma ideia central no texto?				
Coesão				
1. As frases estão claras?				
2. O vocabulário empregado está adequado e preciso?				
3. Não há repetição desnecessária de palavras?				
Adequação à norma-padrão				
1. As palavras estão escritas corretamente?				
2. Os sinais de acentuação são usados adequadamente?				
3. Os sinais de pontuação são utilizados de modo correto?				
Edição do texto				
1. A letra está legível?				
2. As margens estão regulares?				
3. Há espaço para indicar o início dos parágrafos?				
4. Não há rasuras no texto?				

Comentários do leitor (colegas e/ou professor):

_____
_____
_____

Autor(a): _____

Oficina de escritores • 7º ano • Projeto B: Laboratório de personagens

Reescrita

Edição final

Prepare a edição final do seu texto de acordo com o suporte no qual você vai publicá-lo: livro ou *blog*.

7 DESCRIÇÃO DA PERSONAGEM

Leia este diálogo.

> — Dani, conheci um menino!
> — Verdade, Gê? Como que ele é?
> — Nem te conto. 1,75, loiro, olhos azuis, surfista, 16 anos. Toca violão. Muito lindo!

Falas como essas podem ser bastante frequentes. A informação de Gê provoca em Dani uma curiosidade. Para responder à pergunta ("Como que ele é?"), Gê apresenta as características gerais do "menino" ("1,75, loiro, olhos azuis, surfista, 16 anos. Toca violão. Muito lindo!"). Ao contar isso, Gê está descrevendo a pessoa que conheceu.

Na língua escrita, a descrição está presente em muitos momentos. Vamos ver como isso acontece no texto "As duas irmãs".

As duas irmãs

[...]
Silenciosamente o dono da casa mediu-o com os olhos dos pés à cabeça. **Avaliou seu rico traje, suas botas de fino couro, suas luvas de camurça, seu chapéu de penacho e sobretudo sua grossa corrente de ouro, da qual pendia um medalhão**. Parecia um bom partido, mas bons partidos realmente não faltavam a sua filha Bianca. Se ao menos surgisse algum maluco disposto a cortejar Catarina... **Podia ser pobre, feio, torto, qualquer coisa, desde que fosse solteiro e não tivesse medo de casar-se com ela.**

— Conheço a boa reputação de seu pai e lhe dou permissão, meu jovem — respondeu ao fim de sua avaliação. — No entanto, devo avisar que Bianca só poderá se casar depois de Catarina, minha primogênita.

— Para isso estou aqui — Petrúquio exclamou.

Batista olhou-o com infinita surpresa. Pensava que o filho de Antônio Pantino estava ali só para fazer-lhe uma visita de cortesia, não para cortejar Catarina.

— A fama de sua primogênita já chegou a minha cidade — prosseguiu o veronês. — **Tanto ouvi falar da beleza incomparável, de extrema doçura, da inteligência fulgurante, da encantadora modéstia de sua Catarina**, que me apaixonei por ela mesmo antes de conhecê-la pessoalmente e decidi vir pedir-lhe sua mão em casamento...

O anfitrião coçou a cabeça, atordoado. Não conseguia acreditar no que ouvira e achava-se na obrigação de esclarecer o terrível engano do qual o forasteiro evidentemente fora vítima.

> — Meu caro Petrúquio, lamento informar-lhe que minha Catarina não é bem o que lhe disseram... — falou por fim. — **Bonita e inteligente ela é, sem sombra de dúvida, mas de doce e de modesta não tem nada... É uma fera, uma megera, um horror...**
> — **Talvez ela tenha um gênio difícil, porém sou um homem firme e experiente** e saberei fazer com que se adapte a meu modo de ser — Petrúquio respondeu [...]
>
> William Shakespeare. *A megera domada*. Adaptação de Hildergard Feist. São Paulo: Scipione, 2000. p. 35-36 (Fragmento).

Estudo do texto

No texto "As duas irmãs", dois observadores – Petrúquio e Batista – fazem descrições bem diferentes da personagem Catarina. Veja como Petrúquio descreve a personagem.

> Tanto ouvi falar da beleza incomparável, de extrema doçura, da inteligência fulgurante, da encantadora modéstia de sua Catarina.

Já Batista, pai de Catarina, descreve a filha do seguinte modo.

> Bonita e inteligente ela é, sem sombra de dúvida, mas de doce e de modesta não tem nada... É uma fera, uma megera, um horror...

No início do texto, Petrúquio também é descrito sob a ótica do pai de Catarina. Observe:

> Avaliou seu rico traje, suas botas de fino couro, suas luvas de camurça, seu chapéu de penacho e sobretudo sua grossa corrente de ouro, da qual pendia um medalhão.

No último parágrafo do texto, Petrúquio é descrito pela própria ótica. Veja:

> Talvez ela tenha um gênio difícil, **porém sou um homem firme e experiente** e saberei fazer com que se adapte a meu modo de ser.

Produção de textos

Escolha uma proposta e escreva seu texto.

1. Escreva um texto falando sobre você, mas do ponto de vista de outra pessoa (pai, mãe, irmão, irmã, professor, funcionário da escola, colega, vizinho etc.).

   De acordo com o ponto de vista que você assumir no texto, a descrição será diferente. As pessoas que conhecem você intimamente terão uma visão diferente de outras com as quais você tem apenas um relacionamento social.

2. Escolha uma das fotos a seguir e crie, com base nela, uma personagem. Faça a descrição dela.

Projeto B • Laboratório de personagens

Veja, a seguir, uma relação de características e ações que poderá auxiliá-lo na descrição da personagem.

Características físicas		Características psicológicas		Ações
olhos	redondo	apaixonado	magoado	Fala muito.
braços	comprido	sensível	desgostoso	Gosta de ficar sozinho.
cabelos	azul	enérgico	sorridente	Mexe sempre com os outros.
mãos	claro	emotivo	curioso	Vive coçando a cabeça.
boca	brilhante	ativo	indiscreto	Presta atenção nas conversas.
pernas	escuro	sincero	desatento	Sempre quer ajudar as pessoas.
pés	moreno	afetuoso	obediente	Não para um instante.
pele	longo	amável	desobediente	Veste-se bem.
queixo	curto	alegre	descuidado	Gosta de ler.
nariz	grande	risonho	observador	Gosta de música.
dentes	agudo	brincalhão	cuidadoso	Faz muitas perguntas.
	macio	otimista	estudioso	Escreve poesias.
	preto	pensativo	prudente	Fala devagar.
	grosso	triste	simpático	Tem um sorriso gostoso.
	delicado			
	castanho			
	verde			
	vermelho			
	fraco			
	forte			
	gordo			
	magro			
	alto			
	baixo			

Ficha 7 — DESCRIÇÃO DA PERSONAGEM

Autor(a): _____ Data: ___/___/___

Planejamento

Selecione características da personagem que você escolheu. Defina também a impressão básica que pretende transmitir sobre ela.

Personagem

Nome: _____

Impressão básica: _____
_____
_____

Características: _____
_____
_____
_____
_____
_____
_____
_____
_____
_____
_____
_____
_____
_____
_____
_____
_____
_____
_____
_____

Oficina de escritores • 7º ano • Projeto B: Laboratório de personagens

Escrita

Ao escrever o texto, procure selecionar características que sejam marcantes na personagem e estejam ligadas à impressão básica que você pretende transmitir, para que o leitor consiga imaginá-la.

Revisão

O aspecto fundamental a ser observado na descrição da personagem é a impressão básica que se quer transmitir. A seleção das características físicas, psicológicas e das ações deve ser realizada em função dessa impressão básica.

Roteiro de revisão	Avaliação do autor		Avaliação do leitor	
	SIM	NÃO	SIM	NÃO
Gênero textual				
1. São selecionadas características relacionadas a uma impressão básica da personagem, possibilitando ao leitor conhecê-la?				
Coerência				
1. Os elementos selecionados da personagem estão dispostos numa sequência lógica e interligados a uma ideia central?				
Coesão				
1. São empregados recursos linguísticos que dão continuidade ao texto?				
2. As frases estão construídas com clareza e com vocabulário adequado?				
Adequação à norma-padrão				
1. O texto respeita as convenções da escrita (ortografia e acentuação) e as normas gramaticais (pontuação, concordância, regência, colocação)?				
Edição do texto				
1. O texto apresenta legibilidade, uniformidade de margens e ausência de rasuras?				

Comentários do leitor (colegas e/ou professor):

_____
_____
_____
_____
_____
_____
_____
_____
_____
_____

Autor(a): _____

Reescrita

Edição final

Com base nos comentários do leitor, edite seu texto para ser publicado no seu livro de histórias.

8 CARACTERÍSTICAS DA PERSONAGEM

Ao descrever uma personagem, pode-se observá-la de três perspectivas: características físicas, características psicológicas e ações frequentes.

A seleção dessas características depende da impressão básica que se pretende que o leitor tenha da personagem.

O texto a seguir, retirado do romance *Menino de engenho*, revela a afeição que o narrador nutre pela prima Lili. Observe, neste texto, sobretudo os recursos utilizados para descrever a personagem.

A prima Lili

Magrinha e branca, a prima Lili parecia mais de cera, de tão pálida. Tinha a minha idade e uns olhos azuis e uns cabelos louros até o pescoço. Sempre recolhida e calada, nunca estava conosco nas brincadeiras.

— Esta menina não se cria — diziam as negras.

Na verdade, a prima Lili parecia mais um anjo do que gente. Qualquer coisa era motivo para um choro que não acabava mais. Comigo ela sempre se abria. Eu lhe era menos agressivo que os irmãos. E juntos nós estávamos com a Tia Maria, e nos cuidados e nos dengues de nossa amiga nos encontrávamos de quando em vez. Lili não ia ao sol, vivia o dia todo calçada. Tudo lhe fazia mal: o chuvisco, o mormaço, o sereno. E só vivia nos remédios.

Não sei por que, fui criando a esta criaturinha uma amizade constante. Gostava de ficar com ela, na companhia de suas bonecas. E um preá-da-índia que me deram, eu lhe ofereci de presente. Também, era tão terna comigo!

Um dia amanheceu vomitando preto e com febre. Entrei no quarto onde ela estava, mais branca ainda, e a encontrei muito triste, ainda mais magrinha. Suas bonecas andavam por cima da cama como se fossem as suas amigas em despedidas.

Os olhinhos azuis se demoraram em cima de mim, parece que me pedindo alguma coisa. Era talvez para que eu ficasse com ela mais tempo. Mas levaram-me do quarto.

No outro dia, quando acordei, a minha priminha tinha morrido. Lembro-me do seu caixão branquinho, cheio de rosas, e da Tia Maria chorando, o dia inteiro.

Ainda hoje, quando encontro enterro de crianças, é pela minha prima Lili que me chegam lágrimas aos olhos.

José Lins do Rego. *Menino de engenho*.
Rio de Janeiro: José Olympio, 2010.

Mônica Chan

Projeto B • Laboratório de personagens

Estudo do texto

A personagem, embora seja criada pelo autor, dá ao leitor a impressão de que realmente existe. Para isso, o autor seleciona alguns traços básicos que possam sugerir ao leitor determinada impressão da personagem. Poderíamos dizer que o escritor assemelha-se a alguém que monta um quebra-cabeça e encaixa apenas as peças fundamentais, deixando a imaginação do leitor dispor as outras peças.

Veja como o autor alcança isso no texto ao apresentar a personagem Lili. Para sugerir a debilidade física e a ternura da personagem, José Lins do Rego selecionou:

a) características físicas;
b) características psicológicas;
c) ações frequentes.

Personagem	Características físicas	Características psicológicas	Ações frequentes
Prima Lili	• magrinha • branca • pálida • olhos azuis • cabelos louros até o pescoço	• recolhida • calada • terna • sensível	• nunca brincava com as outras crianças • brincava com suas bonecas • não tomava sol • estava sempre calçada • vivia à base de remédios

A seleção das características físicas (tamanho, cor da pele, dos cabelos e dos olhos), das características psicológicas (temperamento, emoções, sentimentos) e das ações frequentes (atitudes e comportamentos) de Lili tem a finalidade de sugerir ao leitor a fraqueza física da personagem.

É importante ressaltar que os aspectos ou os detalhes selecionados pelo autor não têm a pretensão de esgotar todas as características da personagem, mas apenas sugerir determinada impressão.

Ao apresentar a descrição de uma personagem numa história, você deve seguir esses passos:

1. Definir qual impressão básica se pretende sugerir ao leitor.
2. Selecionar características físicas, psicológicas e ações frequentes relacionadas a essa impressão básica.

Produção de textos

Os colegas com os quais você convive diariamente possuem certas características físicas e psicológicas, além de determinadas atitudes (ações) facilmente observáveis. Você sabe que um colega é mais sério, outro é mais brincalhão, outro é mais afetuoso... Escolha um dos seus colegas e descreva-o. Mas não mencione o nome dele no texto. Se quiser, use um nome fictício. Depois, leia a descrição para que a turma descubra de quem você está falando.

Ficha 8 — CARACTERÍSTICAS DA PERSONAGEM

Autor(a): _____ Data: ___/___/___

Planejamento

Para pensar no colega que será descrito, defina antes a impressão básica que você pretende transmitir. De acordo com ela, selecione características físicas, psicológicas e as ações frequentes.

Nome fictício do colega:
_____

Impressão básica:
_____
_____
_____

Características físicas:
_____
_____
_____
_____

Características psicológicas:
_____
_____
_____
_____

Ações frequentes:
_____
_____
_____
_____

Escrita

Ao escrever seu texto, selecione características físicas, psicológicas e ações frequentes marcantes na pessoa que será descrita e que estejam associadas à impressão básica que você pretende transmitir.

Revisão

O aspecto fundamental a ser observado na descrição de uma pessoa ou personagem é a impressão básica que se quer transmitir. A seleção das características físicas, psicológicas e das ações frequentes deve ser realizada em função dessa impressão.

Para a revisão do seu texto, guie-se pelo **Roteiro de revisão** abaixo.

Roteiro de revisão	Avaliação do autor		Avaliação do leitor	
	SIM	NÃO	SIM	NÃO
Gênero textual				
1. A seleção das características físicas, psicológicas e das ações frequentes se relaciona a uma impressão básica da personagem e permite ao leitor imaginá-la?				
Coerência				
1. O texto atende à proposta?				
2. Os fatos contados no texto têm uma sequência coerente?				
3. Predomina uma ideia central no texto?				
Coesão				
1. As frases estão claras?				
2. O vocabulário empregado está adequado e preciso?				
3. Não há repetição desnecessária de palavras?				
Adequação à norma-padrão				
1. As palavras estão escritas corretamente?				
2. Os sinais de acentuação são usados adequadamente?				
3. Os sinais de pontuação são utilizados de modo correto?				
Edição do texto				
1. A letra está legível?				
2. As margens estão regulares?				
3. Há espaço para indicar o início dos parágrafos?				
4. Não há rasuras no texto?				

Comentários do leitor (colegas e/ou professor):

_____
_____
_____
_____

Autor(a): _____

Reescrita

Edição final

Prepare a edição de seu texto para ser afixado em um mural. Ilustre-o com fotos ou desenhos.

9 AMBIENTE

Em uma narrativa, o ambiente não só tem a função de situar a personagem em um espaço físico como também pode dar pistas sobre o estado interior (psicológico) dela.

> Pombo azul:
> Estou triste
> tenho tristeza em mim
> tenho saudade dos dias verdes e alegres.
> Escrevo sentado
> numa escola triste.
>
> Victor Barroca Moreira, 12 anos.
>
> Maria Rosa Colaço. *A criança e a vida*. 12. ed. Lisboa: Itau/Europa-América, 1984.

Ao ler esses versos, podemos perceber que não é só o eu lírico que está triste. Ao projetar seus sentimentos para o ambiente físico, a escola, o dia, tudo acaba ficando triste, porque a professora ("pombo azul") foi embora. O eu lírico sente saudade do tempo em que era alegre, dos dias "verdes e alegres".

No dia a dia, é comum ouvirmos frases como:

> — Que dia triste!
> — Que lugar chato!

Frases desse tipo mostram que projetamos no ambiente nossos sentimentos. O lugar é, de certa forma, a extensão do que sentimos.

Ao descrever o ambiente no relato de uma história, o autor não está interessado apenas em localizar o lugar em que está a personagem, mas, sobretudo, em comunicar, pela descrição do ambiente, seu estado interior.

Observe isso nos textos a seguir.

TEXTO 1

Quarto de despejo

13 de maio

Hoje amanheceu chovendo. É um dia simpático para mim. É o dia da Abolição. Dia que comemoramos a libertação dos escravos.

... Nas prisões os negros eram os bodes expiatórios. Mas os brancos agora são mais cultos. E não nos trata com desprezo. Que Deus ilumine os brancos para que os pretos sejam feliz.

Continua chovendo. E eu tenho só feijão e sal. A chuva está forte. Mesmo assim, mandei os meninos para a escola. Estou escrevendo até passar a chuva, para eu ir lá no senhor Manuel vender os ferros. Com o dinheiro dos ferros vou comprar arroz e linguiça. A chuva passou um pouco. Vou sair.

... Eu tenho tanto dó dos meus filhos. Quando eles vê as coisas de comer eles brada:

— Viva a mamãe!

A manifestação agrada-me. Mas eu já perdi o hábito de sorrir. Dez minutos depois eles querem mais comida.

[...]

Carolina Maria de Jesus. *Quarto de despejo*: diário de uma favelada. São Paulo: Ática, 1993.

TEXTO 2

As belezas da noite

A Lua já apontava no céu, as estrelas pareciam sorrir. A Lua, com toda a sua beleza, parecia estar ansiosa como eu para que chegasse a hora do encontro. O tempo parecia não passar, mas, de minuto em minuto, me fazia aproximar cada vez mais dele...

Gatos faziam uma desajeitada sinfonia para contemplar o céu. O luar jogava suas gotas de orvalho, gotas belas, que faziam brilhar a beleza da noite. Vento sereno. Partes da noite. Isto é amor. Sentimento delicioso, ao mesmo tempo complicado.

Um motor — será ele?

Os cachorros latindo, a campainha tocando. Ele.

A Lua parecia mais linda, mais brilhante, por ter cumprido uma missão: fazer que o amor se tornasse mais intenso e eterno.

Paula R. M. Sideaux (aluna), 13 anos.

Estudo do texto

Nos dois textos que você leu, deve ter observado que as autoras descrevem o ambiente. Além de contextualizar a história, os elementos do ambiente, nesses textos, constituem projeções do mundo interior das personagens.

No texto 2, a personagem praticamente não aparece. A autora apresenta apenas dados do ambiente que traduzem diferentes estados da personagem. Observe:

a) alegria

> A Lua já apontava no céu, as estrelas pareciam sorrir.

b) beleza

> A Lua, com toda a sua beleza, [...]
> O luar jogava suas gotas de orvalho, gotas belas que faziam brilhar a beleza da noite.

c) ansiedade

> A lua [...] parecia estar ansiosa como eu para que chegasse a hora do encontro.
> Os cachorros latindo, a campainha tocando.

d) prazer

> Gatos faziam uma desajeitada sinfonia para contemplar o céu.
> Vento sereno. Partes da noite. Isto é amor. Sentimento delicioso [...]

No texto 1, a autora mescla a descrição da chuva forte que cai do lado de fora do barraco com suas reflexões. Veja:

> Continua chovendo. E eu tenho só feijão e sal. A chuva está forte. Mesmo assim, mandei os meninos para a escola. Estou escrevendo até passar a chuva, para eu ir lá no senhor Manuel vender os ferros. Com o dinheiro dos ferros vou comprar arroz e linguiça. A chuva passou um pouco. Vou sair.
> ... Eu tenho tanto dó dos meus filhos. Quando eles vê as coisas de comer eles brada:
> — Viva a mamãe!
> A manifestação agrada-me. Mas eu já perdi o hábito de sorrir. Dez minutos depois eles querem mais comida.

Produção de textos

Observe atentamente as fotos a seguir. Cada uma delas transmite determinada sensação. Escolha uma foto e escreva um texto em que as características do ambiente expressem o mundo interior da personagem.

Queimada em Apuí, Amazonas.

Jovem apreciando o por do sol.

Criança aprendendo a andar de patinete.

Mulher fazendo exame de ultrassonografia.

Projeto B • Laboratório de personagens

Desmoronamento de terra no Guarujá (SP).

Medalhistas em jogos olímpicos, Rio de Janeiro (RJ).

Ficha 9 — AMBIENTE

Autor(a): _____ Data: ___/___/___

Planejamento

Escreva o nome da personagem e suas características físicas e psicológicas. Depois, selecione os traços do ambiente que estejam em sintonia com os sentimentos, os pensamentos e as emoções dessa personagem.

A. Personagem

1. Nome:
   _____

2. Características físicas:
   _____
   _____

3. Características psicológicas:
   _____
   _____

B. Ambiente

1. Impressão básica:
   _____

2. Elementos que sugerem essa impressão:
   _____
   _____
   _____
   _____

Oficina de escritores • 7º ano • Projeto B: Laboratório de personagens

Escrita

No processo de escrita, acompanhe a personagem, apresentando ao leitor, além das ações, das falas, dos sentimentos e dos pensamentos, o lugar onde ela está.

_____
_____
_____
_____
_____
_____
_____
_____
_____
_____
_____
_____
_____
_____
_____
_____
_____
_____
_____
_____
_____
_____
_____
_____
_____
_____
_____
_____
_____

Revisão

Um aspecto fundamental a ser observado na descrição do ambiente é que ele seja projeção do mundo interior da personagem. A seleção das características físicas, psicológicas, das ações da personagem e do ambiente deve ser realizada em função disso. Para uma revisão do seu texto, guie-se pelo **Roteiro de revisão** a seguir.

Roteiro de revisão	Avaliação do autor		Avaliação do leitor	
	SIM	NÃO	SIM	NÃO
Gênero textual				
1. Os elementos do ambiente foram selecionados de acordo com uma impressão básica que se pretende sugerir ao leitor sobre a personagem?				
Coerência				
1. O texto atende à proposta?				
2. Os fatos contados no texto têm uma sequência coerente?				
3. Predomina uma ideia central no texto?				
Coesão				
1. As frases estão claras?				
2. O vocabulário empregado está adequado e preciso?				
3. Não há repetição desnecessária de palavras?				
Adequação à norma-padrão				
1. As palavras estão escritas corretamente?				
2. Os sinais de acentuação são usados adequadamente?				
3. Os sinais de pontuação são utilizados de modo correto?				
Edição do texto				
1. A letra está legível?				
2. As margens estão regulares?				
3. Há espaço para indicar o início dos parágrafos?				
4. Não há rasuras no texto?				

Comentários do leitor (colegas e/ou professor):
_____
_____
_____
_____

Autor(a): _____

Reescrita

Edição final

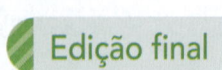

Prepare a edição final do seu texto de acordo com o suporte no qual você vai publicá-lo: livro ou *blog*.

10 CONFLITO DA PERSONAGEM

Toda personagem vive um conflito, e é em torno dele que a história acontece. Esse conflito, que é o fio condutor da história, é responsável pela unidade do texto.

O conflito pode ser **interno**, quando diz respeito a alguma limitação ou dificuldade psicológica da personagem, ou **externo**, quando é decorrente de alguma relação do protagonista com outras personagens.

No dia a dia, com certeza você vivencia vários conflitos ao mesmo tempo. Isso acontece com todo mundo: seu pai, sua mãe, seu irmão, seu amigo etc.

Numa história, a personagem principal também vivencia conflitos. A diferença entre você e a personagem de uma história é que, enquanto você pode vivenciar vários conflitos, ela vivencia apenas um. E o faz tão intensamente que se torna o centro de sua existência.

No texto a seguir, a personagem vive um conflito em torno do qual gira a história.

Pelo título, você consegue imaginar as características dessa personagem? Consegue supor qual é o conflito vivenciado por ela? Leia o texto para descobrir.

O homem alto

Desde muito me vinha preocupando o problema da minha estatura. Os anos passavam, e para cima eu não ia. Aos quinze, encalhei para sempre em um metro e quarenta e cinco.

Tinha apenas essa idade e altura, quando meus pais me largaram sozinho no mundo. Morreram quase ao mesmo tempo. E eu fiquei a pensar: como conciliar tão mesquinho tamanho com as exigências da vida moderna? Como enfrentar a luta? Ah! por que não puxei a meu pai, tipo enorme?... Será que não sou filho dele?

Tive então que lutar dobradamente para compensar-me do que me faltava. Enquanto isso, homens altos e serenos passavam pela rua.

E dizer que éramos da mesma raça!...

Desde criança achava que devia ser bom parecer com eles. Perderia a leveza, é claro; mas ia ocupar todo o vão da porta, impor-me aos outros, olhar de cima.

Foi no jogo de vôlei, quando pulava para cortar a bola e recebia aplausos, que comecei a sentir os primeiros efeitos de viver nas alturas.

Até então admirava os gigantes que à tarde deslizavam pela calçada. Depois, quando perdi a esperança de crescer, tomei raiva deles.

Aníbal Machado. *A morte da porta-estandarte e Tati, a garota.*
Rio de Janeiro: José Olympio, 2010.

Estudo do texto

O conflito é um elemento decisivo para a organização da história. Pode ser definido como um jogo de forças contrárias. Observe:

X	←→	Y
Narrador-personagem		Força contrária (conflito)

No texto que você leu, o narrador-personagem vive um conflito de ordem interna, desencadeado por uma força contrária: o complexo de baixa estatura.

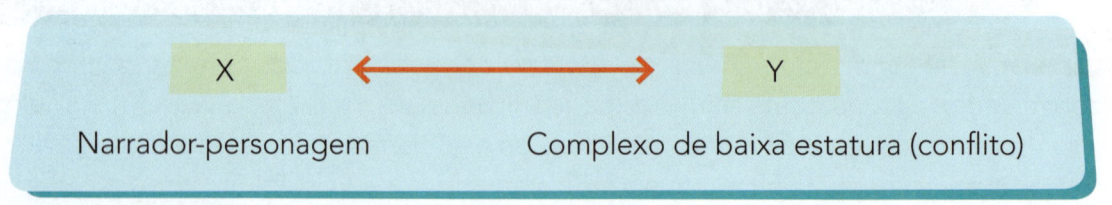

X	←→	Y
Narrador-personagem		Complexo de baixa estatura (conflito)

A história se mantém enquanto houver a luta entre essas duas forças. Ao desaparecer um dos elementos, teremos o desfecho, que pode ser feliz se o elemento X (protagonista) vencer o elemento Y (antagonista) ou trágico se ocorrer o inverso.

Todos os elementos do enredo – ações, falas, pensamentos, sentimentos do protagonista, características, ambiente – giram em torno desse conflito. Veja o quadro a seguir.

> 1. **Ações**
>
>   "Foi no jogo de vôlei, quando pulava para cortar a bola e recebia aplausos, que comecei a sentir os primeiros efeitos de viver nas alturas."
>
> 2. **Pensamentos**
>
>   "[...] como conciliar tão mesquinho tamanho com as exigências da vida moderna? Como enfrentar a luta? Ah! por que não puxei a meu pai, tipo enorme?... Será que não sou filho dele?"
>
> 3. **Sentimentos**
>
>   "Depois, quando perdi a esperança de crescer, tomei raiva deles."
>
> 4. **Características**
>
>   "Enquanto isso, homens altos e serenos passavam pela rua."

Produção de textos

Escolha uma das situações a seguir e crie uma personagem que esteja vivenciando intensamente o conflito apresentado.

Situação 1

Sentimento de adolescente que presencia discussão dos pais.

Situação 2

Pensamento de funcionária demitida do emprego.

Situação 3

Decepção após uma partida de futebol.

Situação 4

Dificuldade de concentração para estudar um conteúdo.

Situação 5

Sensação de juíza ao proferir sua sentença ao réu.

Situação 6

Expectativa para saber o resultado de um exame.

Situação 7

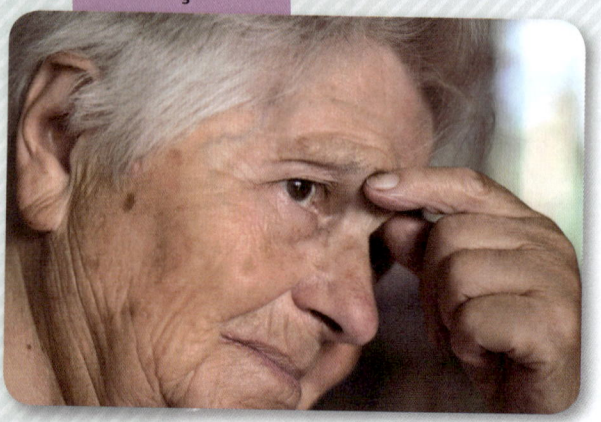

Sentimento de idosa que vive sozinha.

Ficha 10 — CONFLITO DA PERSONAGEM

Autor(a): _____ Data: ___/___/___

Planejamento

Antes de começar a escrever o texto, defina quem será a personagem, suas características físicas e psicológicas e o conflito que vai vivenciar. Lembre-se de selecionar características da personagem com base nesse conflito.

Personagem:
_____

Características físicas e psicológicas:
_____
_____
_____
_____
_____

Conflito:
_____
_____

Escrita

Comece o texto focalizando a personagem vivenciando o conflito. Mas não passe todas as informações ao leitor. Deixe-o conhecer a personagem e seu conflito com base nos fatos e nas sensações que, aos poucos, vão se apresentando.

_____
_____
_____
_____
_____
_____
_____

Oficina de escritores • 7º ano • Projeto B: Laboratório de personagens

Revisão

Um aspecto fundamental a ser observado na descrição do ambiente é que ele seja projeção do mundo interior da personagem. A seleção das características físicas, psicológicas, das ações da personagem e do ambiente deve ser realizada em função disso. Para uma revisão do seu texto, guie-se pelo **Roteiro de revisão** a seguir.

Roteiro de revisão	Avaliação do autor		Avaliação do leitor	
	SIM	NÃO	SIM	NÃO
Gênero textual				
1. Predomina no texto um conflito básico?				
2. Todos os aspectos da personagem (ações, falas, características, sentimentos, pensamentos e ambiente) estão relacionados ao conflito que ela vivencia?				
Coerência				
1. O texto atende à proposta?				
2. Os fatos contados no texto têm uma sequência coerente?				
3. Predomina uma ideia central no texto?				
Coesão				
1. As frases estão claras?				
2. O vocabulário empregado está adequado e preciso?				
3. Não há repetição desnecessária de palavras?				
Adequação à norma-padrão				
1. As palavras estão escritas corretamente?				
2. Os sinais de acentuação são usados adequadamente?				
3. Os sinais de pontuação são utilizados de modo correto?				
Edição do texto				
1. A letra está legível?				
2. As margens estão regulares?				
3. Há espaço para indicar o início dos parágrafos?				
4. Não há rasuras no texto?				

Comentários do leitor (colegas e/ou professor):

_____
_____
_____
_____

Autor(a): _____

Reescrita

Edição final

Prepare a edição final do seu texto de acordo com o suporte no qual você vai publicá-lo: livro ou *blog*.

PROJETO **C**

ATELIÊ DA POESIA

Objetivo

Neste projeto, você vai escrever, editar e publicar um livro de poemas.

Estratégias

Para isso, você vai ler vários poemas e conhecer os principais elementos de composição presentes na linguagem poética. Com base nesses elementos, vai escrever poemas que farão parte do seu livro.

Encerramento

Este projeto será encerrado com uma tarde de autógrafos dos livros de poemas escritos e editados por você e seus colegas.

1. Frase poética
2. Imagem poética
3. Quadra
4. Poema visual
5. Paródia

1 FRASE POÉTICA

Alguns textos poéticos têm certa semelhança com o "faz de conta" das crianças: para elas, um pedaço de pau pode tornar-se um avião, um cavalo..., adquirindo outros significados em contextos diferentes.

A mesma coisa pode acontecer no texto poético. Uma palavra ou um grupo de palavras pode combinar-se de maneira a sugerir sentimentos e sensações.

Vamos ver como isso acontece no poema "Sonho doido".

Sonho doido

Sonhei um sonho doido
de virar o mundo do avesso,
de provocar chuva de flores...
Sonho colorido, doce e fantástico
que nem consigo me lembrar direito
para fazer você sonhar.

Acordei e foi aquela vontade
de pegar no sono,
de dormir um século,
só para retomar o fio
e de novo envolver-me
na magia de cores, de formas,
de brisa no corpo,
de sons de valsas
e perfumes de jardins.

Acho que o amor verdadeiro,
o verdadeiro amor,
é como um sonho assim...

E pensar que ainda é manhã,
que vou ter que esperar a noite,
o sono e a incerteza
do sonho doido voltar!...

Elias José. *Cantigas de adolescer*. 20. ed. São Paulo: Atual, 2009. p. 54.

Estudo do texto

1. Na primeira estrofe, quais adjetivos são usados pelo eu lírico para descrever o sonho que teve?

   _____

2. O eu lírico compara as sensações do sonho com um sentimento. Que sentimento é esse? Por que faz essa comparação?

   _____

   _____

3. Observe a imagem abaixo.

   Agora, leia as frases a seguir.

   A Seus cabelos esvoaçavam com o vento.

   B O vento brincava em seus cabelos.

   Essas duas frases referem-se, de maneira diferente, a um mesmo fato.

   A frase **A** informa o que acontece na realidade. Trata-se de uma **frase informativa**.

   A frase **B** sugere o que ocorre na realidade. Trata-se de uma **frase poética**.

   No gênero poema, as palavras podem perder o significado básico e adquirir sentido sugestivo. Ou seja: "O vento brincava em seus cabelos" sugere que "os cabelos esvoaçam com o vento".

   No texto "Sonho doido", o eu lírico emprega as palavras com sentido sugestivo. Observe: "chuva de flores", "sons de valsas" sugerem um ambiente de felicidade.

Produção de textos

No poema "Sonho doido", o eu lírico revela um sonho "doido, colorido, doce e fantástico" do qual não queria acordar. Você já teve um sonho assim? O que aconteceu nele? Que pessoas estavam presentes? Reais ou imaginárias? Que sensações você teve durante esse sonho?

Escreva um poema que fale sobre isso. Procure empregar palavras que adquiram sentidos sugestivos. Se você não se lembrar de nenhum sonho, pode inventá-lo. Use a criatividade!

Ficha 1 — FRASE POÉTICA

Autor(a): _____ Data: ___/___/___

Planejamento

Pense no seu sonho. Desenhe imagens ou escreva palavras ou frases que possam sugeri-lo ou que se relacionem a ele.

Escrita

Escreva seu texto. Cuide para que tudo o que escrever esteja associado à ideia básica que pretende sugerir ao leitor. Lembre-se de usar palavras que comuniquem determinado sentimento ou sensação.

_____
_____
_____
_____
_____

Oficina de escritores • 7º ano • Projeto C: Ateliê da poesia

Revisão

Ao revisar seu texto, observe se as imagens criadas expressam as ideias que você pretende transmitir. Para os demais itens, baseie-se no **Roteiro de revisão** abaixo.

Roteiro de revisão	Avaliação do autor		Avaliação do leitor	
	SIM	NÃO	SIM	NÃO
Gênero textual				
1. O texto apresenta as características próprias da linguagem poética?				
2. O texto está organizado em versos e estrofes?				
3. As palavras são empregadas com sentido sugestivo?				
Coerência				
1. Predomina no texto uma ideia básica comunicada por meio de imagens poéticas?				
Coesão				
1. As frases estão claras?				
2. O vocabulário empregado está adequado e preciso?				
3. Não há repetição desnecessária de palavras?				
Adequação à norma-padrão				
1. As palavras estão escritas corretamente?				
2. Os sinais de acentuação são usados adequadamente?				
3. Os sinais de pontuação são utilizados de modo correto?				
Edição do texto				
1. A letra está legível?				
2. Há espaço maior separando as estrofes?				
3. Não há rasuras no texto?				

Comentários do leitor (colegas e/ou professor):

_____
_____
_____
_____
_____
_____

Autor(a): _____

Reescrita

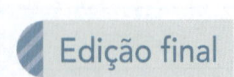

Edição final

Prepare o texto para ser editado em seu livro de poemas. Escreva-o na página e faça uma ilustração para ele.

2 IMAGEM POÉTICA

Existe uma relação muito forte entre o nome e a pessoa? Para alguns poetas, sim. Leia o que diz o escritor Ronal Claver.

> "Meu amigo e professor Graciliano... me disse uma vez que era apaixonado por Marina e quando estava sozinho vivia brincando com Marina. Com a palavra Marina, o que é a mesma coisa.
>
> Faço o mesmo com Carol, aliás Carolina."
>
> Ronald Claver. *Diário do outro*. São Paulo: Atual, 2004.

Leia os poemas a seguir, em que os autores expressam suas emoções por meio de imagens poéticas. Faça depois uma segunda leitura em voz alta, empregando ritmo e entonação e fazendo pausas e prolongamentos onde achar necessário.

TEXTO 1

Teu nome

Teu nome, Maria Lúcia
Tem qualquer coisa que afaga
Como uma lua macia
Brilhando à flor de uma vaga.
Parece um mar que marulha
De manso sobre uma praia
Tem o palor que irradia
A estrela quando desmaia.
É um doce nome de filha
E um belo nome de amada
Lembra um pedaço da ilha
Surgindo de madrugada.
Tem um cheirinho de murta
E é suave como a pelúcia
É acorde que nunca finda
É coisa por demais linda
Teu nome, Maria Lúcia...

Vinicius de Moraes. *Obra poética*. Rio de Janeiro: Nova Aguilar, 1968.

TEXTO 2

Isá

Queria poder molhar
A minha pena no orvalho
Para um verso imitar
A aurora que ouço cantar
Nos olhos de Isá Bicalho.

Manuel Bandeira. *Obra completa*.
Rio de Janeiro: Nova Aguilar, 1967.

TEXTO 3

Marisa

Muitas vezes à beira-mar
Sopra um fresco alento de brisa
Que vem do largo a suspirar...
Assim é o teu nome, Marisa,
Que principia igual ao mar
E acaba mais suave que a brisa.

Manuel Bandeira. *Obra completa*.
Rio de Janeiro: Nova Aguilar, 1967.

Estudo do texto

Nos textos que você leu, os poetas Vinicius de Moraes e Manuel Bandeira expressam, por meio de imagens poéticas, as características das mulheres amadas.

No poema "Teu nome", o eu lírico relaciona o nome Maria Lúcia a imagens poéticas que remetem a impressões sensoriais de olfato, tato, audição, entre outras. Veja:

Teu nome, Maria Lúcia
Tem qualquer coisa que afaga
Como uma lua macia
[...]
Parece um mar que marulha
[...]
Lembra um pedaço da ilha
Surgindo de madrugada.
Tem um cheirinho de murta
E é suave como a pelúcia
É acorde que nunca finda

No poema "Marisa", o eu lírico associa o nome *Marisa* a imagens poéticas como:

Muitas vezes à beira-mar
Sopra um fresco alento de brisa
Que vem do largo a suspirar...
[...]

Produção de textos

Escolha uma pessoa de quem você gosta muito ou que admira e faça um poema para ela. Nele, deverá aparecer o nome da pessoa escolhida. Pode ser:

a) pai, mãe, tio, tia, avô, avó;
b) amigo ou amiga;
c) namorado ou namorada;
d) professor ou professora;
e) ou qualquer outra pessoa que tenha significado especial para você.

Ficha 2 — IMAGEM POÉTICA

Autor(a): _____ Data: ___/___/___

Planejamento

Depois de ter escolhido a pessoa, anote algumas características dela que se destacam. Pense também nas imagens que você vai usar para sugerir essas características básicas.

Nome da pessoa _____

Características	Imagens
_____	_____
	_____
	_____
_____	_____
	_____
	_____
_____	_____
	_____
	_____
_____	_____
	_____
	_____

Oficina de escritores • 7º ano • Projeto C: Ateliê da poesia

Escrita

Escreva seu poema procurando sugerir com imagens as características da pessoa escolhida.

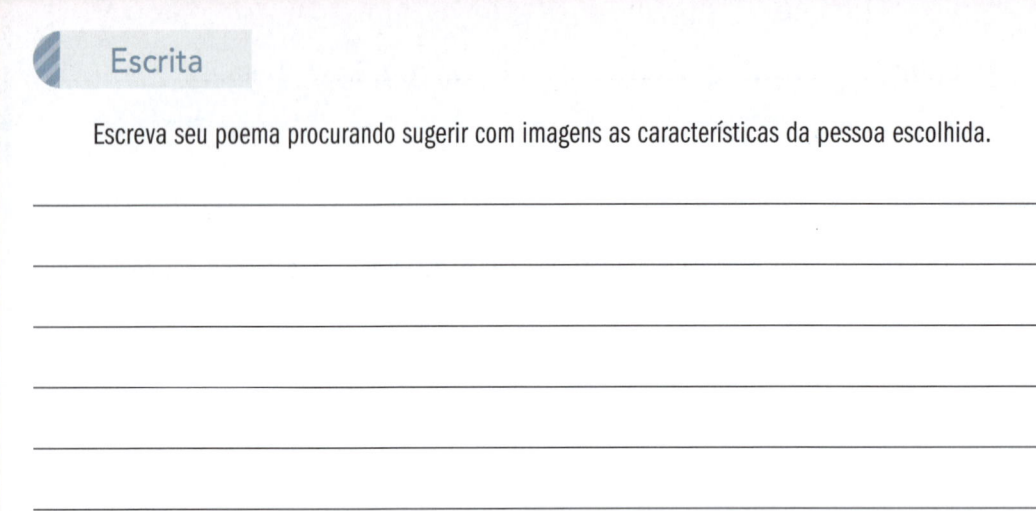

Revisão

Leia seu poema em voz alta para os colegas. Procure ler com entonação, fazendo pausas e prolongamentos de acordo com o sentido que deseja transmitir. Anote as sugestões apresentadas por eles: cortes, acréscimos, substituições. Busque as palavras mais adequadas, reescreva o texto, tente transmitir a mesma informação usando construções frasais diferentes. É nesse jogo com as palavras que o texto adquire, aos poucos, a redação final. Tente perceber se os versos possuem ritmo. Faça as alterações necessárias. Para os demais itens, guie-se pelo **Roteiro de revisão** abaixo.

Roteiro de revisão	Avaliação do autor		Avaliação do leitor	
	SIM	NÃO	SIM	NÃO
Gênero textual				
1. O poema apresenta as características próprias de um texto poético quanto ao ritmo e ao emprego de palavras com sentido conotativo?				
Coerência				
1. Os elementos selecionados estão interligados a uma sensação básica presente no poema?				
Coesão				
1. São empregados recursos linguísticos que, quanto ao ritmo, dão progressão ao texto?				
Adequação à norma-padrão				
1. O texto respeita as convenções da escrita (ortografia e acentuação) e as normas gramaticais (pontuação, concordância, regência, colocação)?				
Edição do texto				
1. O texto apresenta legibilidade e ausência de rasuras?				

Comentários do leitor (colegas e/ou professor):

_____
_____
_____
_____
_____
_____
_____
_____
_____

Autor(a): _____

Oficina de escritores • 7º ano • Projeto C: Ateliê da poesia

Reescrita

Edição final

Faça a edição do seu poema. Ilustre-o com fotos ou um desenho. A seguir, envie-o à pessoa a quem você escreveu.

3 QUADRA

Um tipo de poema bastante popular é a **quadra**, composição formada de quatro versos.

Existem muitas quadras que fazem parte da cultura popular. Algumas datam de séculos atrás. Veja a seguir alguns exemplos.

Atirei uma pedra n'água
De pesada foi ao fundo
Os peixinhos responderam:
— Viva Dom Pedro Segundo!

Mamãe é uma rosa
que papai escolheu.
Sou o botão
que a rosa deu.

O anel que tu me deste
Era vidro e se quebrou
O amor que tu me tinhas
Era pouco e se acabou.

Eu queria ter agora
um cavalinho de vento
para dar um galopinho
na estrada do pensamento.

Não há tinta nessa rua
Nem papel nessa cidade
Nem caneta que consiga
Descrever minha saudade.

Plantei um abacateiro
para comer abacate.
Mas não sei o que plantar
para comer chocolate.

Tens um livro que não lês,
tens uma flor que desfolhas.
Tens um coração aos pés
e para ele não olhas.

Lua de prata
presa em cetim
brilhas tão linda
longe de mim...

A roseira quando nasce
Toma conta do jardim
Eu também ando buscando
Quem tome conta de mim.

Sete e sete são catorze
Com mais sete, vinte e um
Tenho sete namorados
Mas não gosto de nenhum.

Lá no fundo do quintal
Tem um tacho de melado
Quem não sabe cantar verso
É melhor ficar calado.

Da laranja quero um gomo
Do limão quero um pedaço
Da mamãezinha querida
Quero um beijo e um abraço.

Laranja pequenina
Carregadinha de flor
Eu também sou pequenina
Carregadinha de amor.

Domínio público.

O poeta Carlos Drummond de Andrade compôs, tomando como base uma quadra popular (a primeira da página anterior), o poema "Lira do amor romântico Ou a eterna repetição".

Lira do amor romântico Ou a eterna repetição

Atirei um limão n'água
e fiquei vendo na margem.
Os peixinhos responderam:
Quem tem amor tem coragem.

Atirei um limão n'água
e caiu enviesado.
Ouvi um peixe dizer:
Melhor é o beijo roubado.

Atirei um limão n'água,
como faço todo ano.
Senti que os peixes diziam:
Todo amor vive de engano.

Atirei um limão n'água,
como um vidro de perfume.
Em coro os peixes disseram:
Joga fora teu ciúme.

Atirei um limão n'água
mas perdi a direção.
Os peixes, rindo, notaram:
Quanto dói uma paixão!

Atirei um limão n'água,
ele afundou um barquinho.
Não se espantaram os peixes:
faltava-me o teu carinho.

Atirei um limão n'água,
o rio logo amargou.
Os peixinhos repetiram:
É dor de quem muito amou.

Atirei um limão n'água,
o rio ficou vermelho
e cada peixinho viu
meu coração num espelho.

Atirei um limão n'água
mas depois me arrependi.
Cada peixinho assustado
me lembra o que já sofri.

Atirei um limão n'água,
antes não tivesse feito.
Os peixinhos me acusaram
de amar com falta de jeito.

Atirei um limão n'água,
fez-se logo um burburinho.
Nenhum peixe me avisou
da pedra no meu caminho.

Atirei um limão n'água,
de tão baixo ele boiou.
Comenta o peixe mais velho:
Infeliz quem não amou.

Atirei um limão n'água,
antes atirasse a vida.
Iria viver com os peixes
a minh'alma dolorida.

Atirei um limão n'água,
pedindo à água que o arraste.
Até os peixes choraram
porque tu me abandonaste.

Atirei um limão n'água.
Foi tamanho o rebuliço
que os peixinhos protestaram:
Se é amor, deixa disso.

Atirei um limão n'água,
não fez o menor ruído.
Se os peixes nada disseram,
tu me terás esquecido?

Atirei um limão n'água,
caiu certeiro: zás-trás.
Bem me avisou um peixinho:
Fui passado pra trás.

Atirei um limão n'água,
de clara ficou escura.
Até os peixes já sabem:
você não ama: tortura.

Atirei um limão n'água
e caí n'água também,
pois os peixes me avisaram,
que lá estava meu bem.

Atirei um limão n'água,
foi levado na corrente.
Senti que os peixes diziam:
Hás de amar eternamente.

Carlos Drummond de Andrade. *Poesia completa.*
Rio de Janeiro: Nova Fronteira, 2007.

Para ler outros poemas de Drummond, acesse:
<http://www.projetomemoria.art.br/drummond/>.
Acesso em: 18 maio 2020.

Estudo do texto

Ao ler as quadras, você deve ter percebido que elas têm ritmo. Como se consegue isso? Fundamentalmente, por meio dos três recursos a seguir:

- Todos os versos possuem o mesmo número de sílabas.
- Há regularidade na posição da sílaba forte.
- Alguns versos rimam.

A contagem das sílabas em um poema é diferente da maneira como é feita de acordo com a gramática.

Compare as duas maneiras de contar as sílabas. Vamos usar como exemplo o verso "Atirei uma pedra n'água".

Contagem poética

A	ti	rei u	ma	pe	dra	na á	gua
1	2	3	4	5	6	7	

Contagem gramatical

A	ti	rei	u	ma	pe	dra	na	á	gua
1	2	3	4	5	6	7	8	9	10

Pela contagem poética, esse verso tem sete sílabas. Pela contagem gramatical, tem dez. Por quê?

A contagem das sílabas, em um poema, baseia-se no som das palavras. Na gramática, tem como base a estrutura delas.

Em um poema, para contar as sílabas de acordo com o som das palavras, é necessário obedecer a algumas regras.

- Junta-se, muitas vezes, a sílaba final de uma palavra com a sílaba inicial da palavra seguinte. Veja:

pe-dra-naá-gua

Projeto C • Ateliê da poesia

- Conta-se, na última palavra do verso, somente até a sílaba forte (sílaba tônica). Observe:

De	pe	sa	da	foi	ao	**fun**	do
1	2	3	4	5	6	7	

1. As quadras populares possuem, em geral, sete sílabas. Divida as sílabas dos versos seguintes, contando como se faz em um poema.

> O anel que tu me deste
> Era vidro e se quebrou
> O amor que tu me tinhas
> Era pouco e se acabou.

1	2	3	4	5	6	7

2. Reúna-se com três colegas, e juntos, pesquisem quadras populares em livros, revistas e na internet. Depois, preparem:
   a) uma apresentação oral dessas quadras em forma de jogral;
   b) uma apresentação escrita em forma de painel.

Produção de textos

Assim como o poeta Carlos Drummond de Andrade, componha quadras sobre um dos assuntos a seguir:

a) amor
b) saudade
c) violência
d) felicidade
e) corrupção
f) poluição
g) pobreza
h) solidão
i) drogas

Ficha 3

QUADRA

Autor(a): _____ Data: ___/___/___

Planejamento

Antes de começar a escrever, escolha o assunto da sua quadra. Pesquise quadras sobre o mesmo assunto, que poderão servir de base para você criar a sua.

1. Assunto:

_____
_____

2. Copie nas linhas abaixo quadras sobre o mesmo assunto:

_____
_____
_____
_____
_____
_____
_____
_____
_____
_____
_____
_____
_____
_____
_____

3. Anote palavras relacionadas ao assunto:

_____
_____
_____

Oficina de escritores • 7º ano • Projeto C: Ateliê da poesia

Escrita

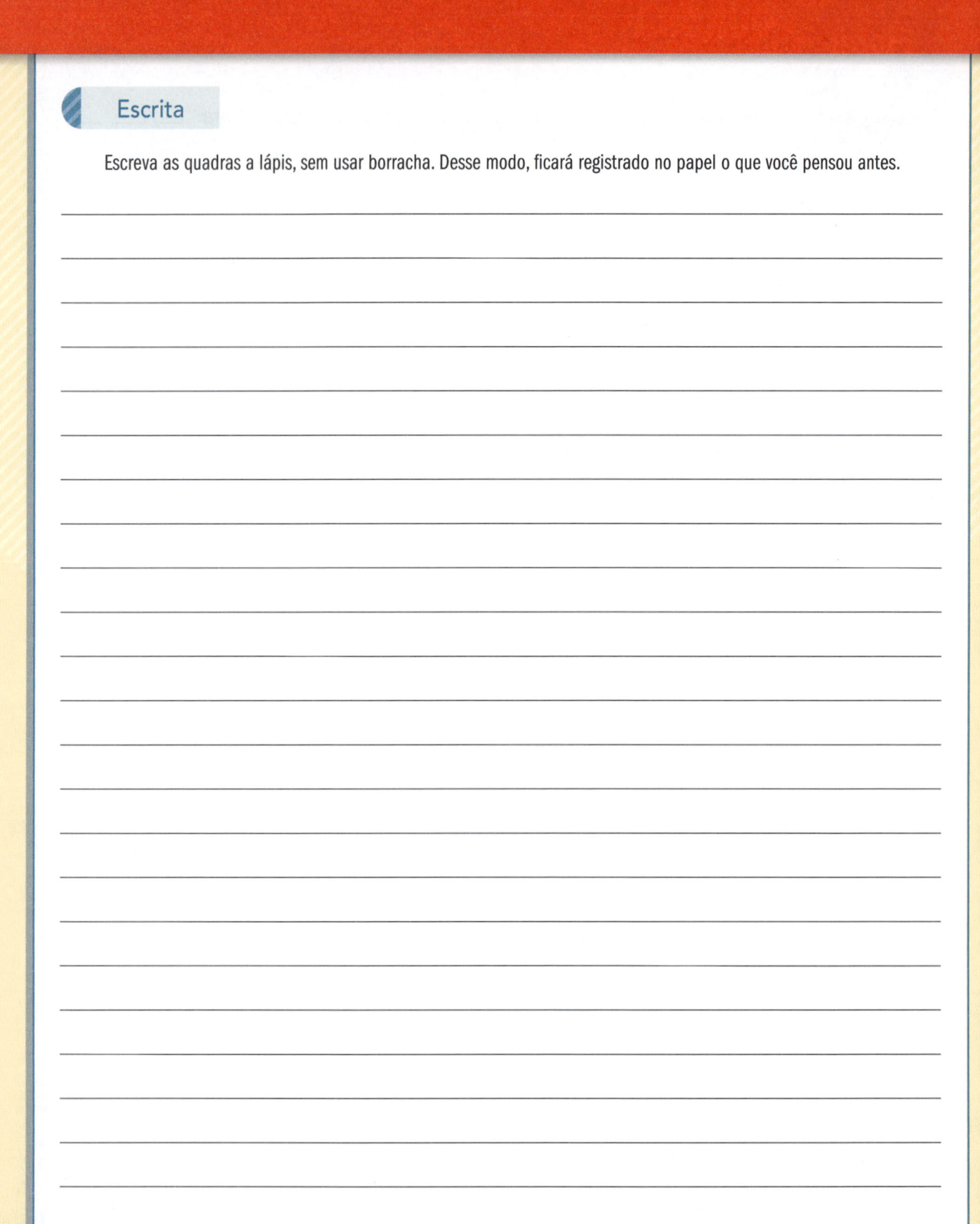

Escreva as quadras a lápis, sem usar borracha. Desse modo, ficará registrado no papel o que você pensou antes.

Revisão

Ao revisar seu texto, leia sua quadra em voz alta. Perceba o ritmo e a sequência dos versos. Para os demais itens, oriente-se pelo **Roteiro de revisão** a seguir.

Roteiro de revisão	Avaliação do autor		Avaliação do leitor	
	SIM	NÃO	SIM	NÃO
Gênero textual				
1. O texto apresenta as características próprias da linguagem poética?				
2. O texto possui uma ou mais estrofes de quatro versos?				
3. As palavras são empregadas com sentido sugestivo?				
Coerência				
1. Predomina na quadra uma ideia central?				
Coesão				
1. As frases estão claras?				
2. O vocabulário empregado está adequado e preciso?				
3. Não há repetição desnecessária de palavras?				
Adequação à norma-padrão				
1. As palavras estão escritas corretamente?				
2. Os sinais de acentuação são usados adequadamente?				
3. Os sinais de pontuação são utilizados de modo correto?				
Edição do texto				
1. A letra está legível?				
2. Não há rasuras no texto?				

Autor(a): _____

Comentários do leitor (colegas e/ou professor):

_____
_____
_____
_____
_____
_____

Reescrita

Edição final

Prepare o texto para ser editado em seu livro de poemas. Escreva-o na página e faça uma ilustração para ele.

4 POEMA VISUAL

O poema visual é um tipo de expressão artística que se caracteriza, em geral, pela combinação de palavra e imagem.

Nele, a disposição gráfica das palavras tem a capacidade de produzir grande impacto, transmitindo uma mensagem, uma reflexão.

Observe o poema visual abaixo, de Sérgio Caparelli.

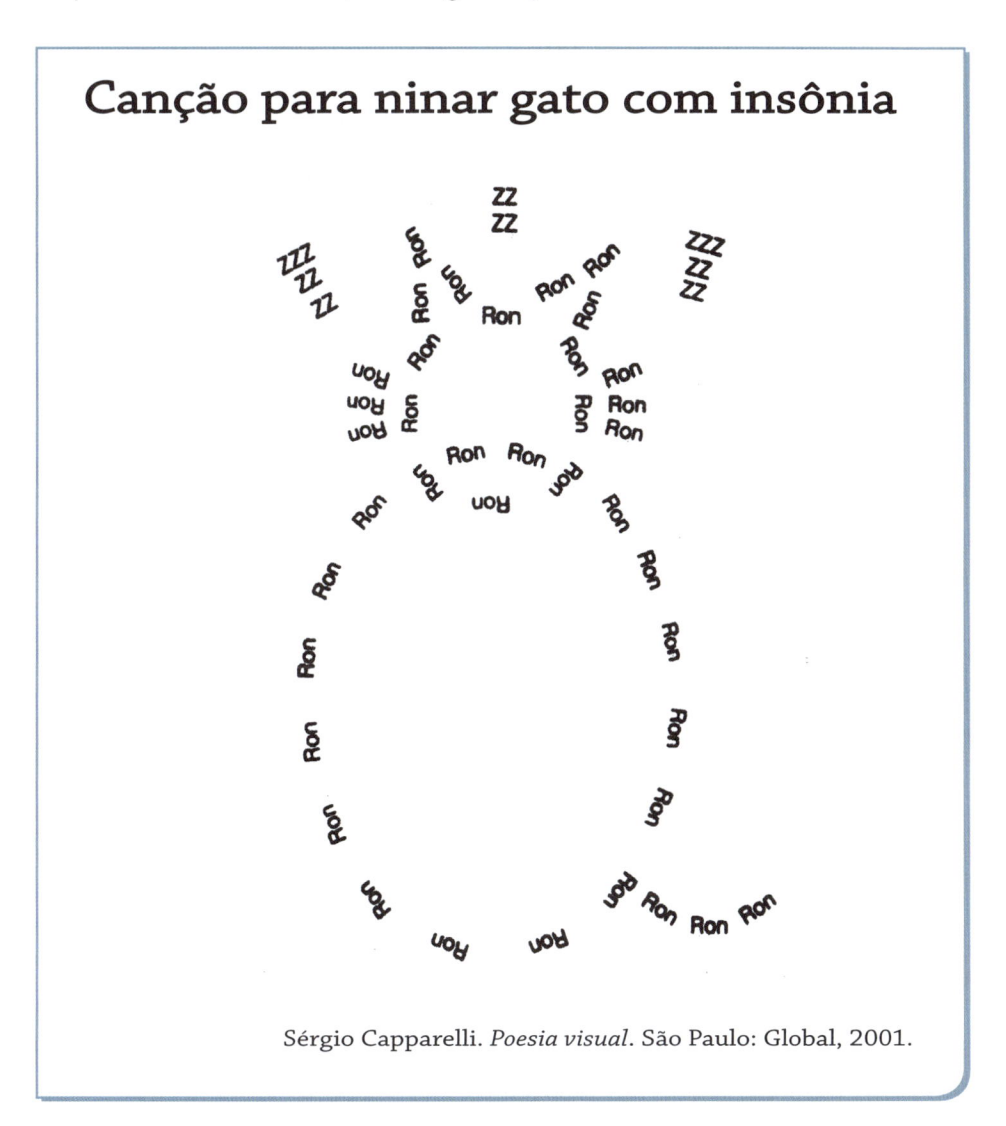

Canção para ninar gato com insônia

[Poema visual composto pelas palavras "Ron" e "zzz" dispostas de modo a formar o contorno de um gato.]

Sérgio Capparelli. *Poesia visual*. São Paulo: Global, 2001.

Nesse poema, para sugerir que o gato está dormindo, Sérgio Capparelli selecionou palavras que imitam seu ronronar (*ron* e *zzz*), distribuindo-as na página, de forma a sugerir o contorno da figura de um gato.

Estudo do texto

Em um poema visual, a disposição gráfica das palavras ou das letras expressa o significado do texto.

1. Observe o poema "Gera", de Arnaldo Antunes, que usa diversos recursos para que uma mensagem seja transmitida.

> regenera gera zera zera
> zera degenera zera
> zera zera já era

Disponível em: <http://arnaldoantunes.blogspot.com/2010/07/blog-post_4670.html>. Acesso em: 28 abr. 2020.

a) As palavras usadas no poema apresentam alguma semelhança quanto à forma? Explique.
_____

b) Ao ler o poema, notamos a presença de sonoridade. Qual recurso contribui para esse efeito?
_____

c) As palavras estão dispostas em forma de círculo. É possível determinar com precisão onde se inicia e onde termina a leitura? Que efeito isso produz?
_____

d) Considere os termos usados: gera, degenera, era, regenera, zera. O poema parece abordar qual assunto?
_____
_____

Produção de textos

Crie um poema visual que revele um dos temas abaixo ou escolha um tema de sua preferência. Não se esqueça da combinação de palavra e imagem.

a) um cachorro latindo;
b) um pernilongo zunindo;
c) uma abelha pousando numa flor;
d) uma mosca sobrevoando uma fruta;
e) uma bomba explodindo;
f) uma noite de fogos.

Ficha 4 — POEMA VISUAL

Autor(a): _____ Data: ___/___/___

Planejamento

Escolha o assunto do seu poema. A seguir, anote palavras que tenham relação com ele.

_____
_____
_____
_____
_____
_____
_____

Escrita

Brinque com as palavras, dando-lhes uma disposição gráfica que sugira o assunto do seu poema.

Oficina de escritores • 7º ano • Projeto C: Ateliê da poesia

Reescrita

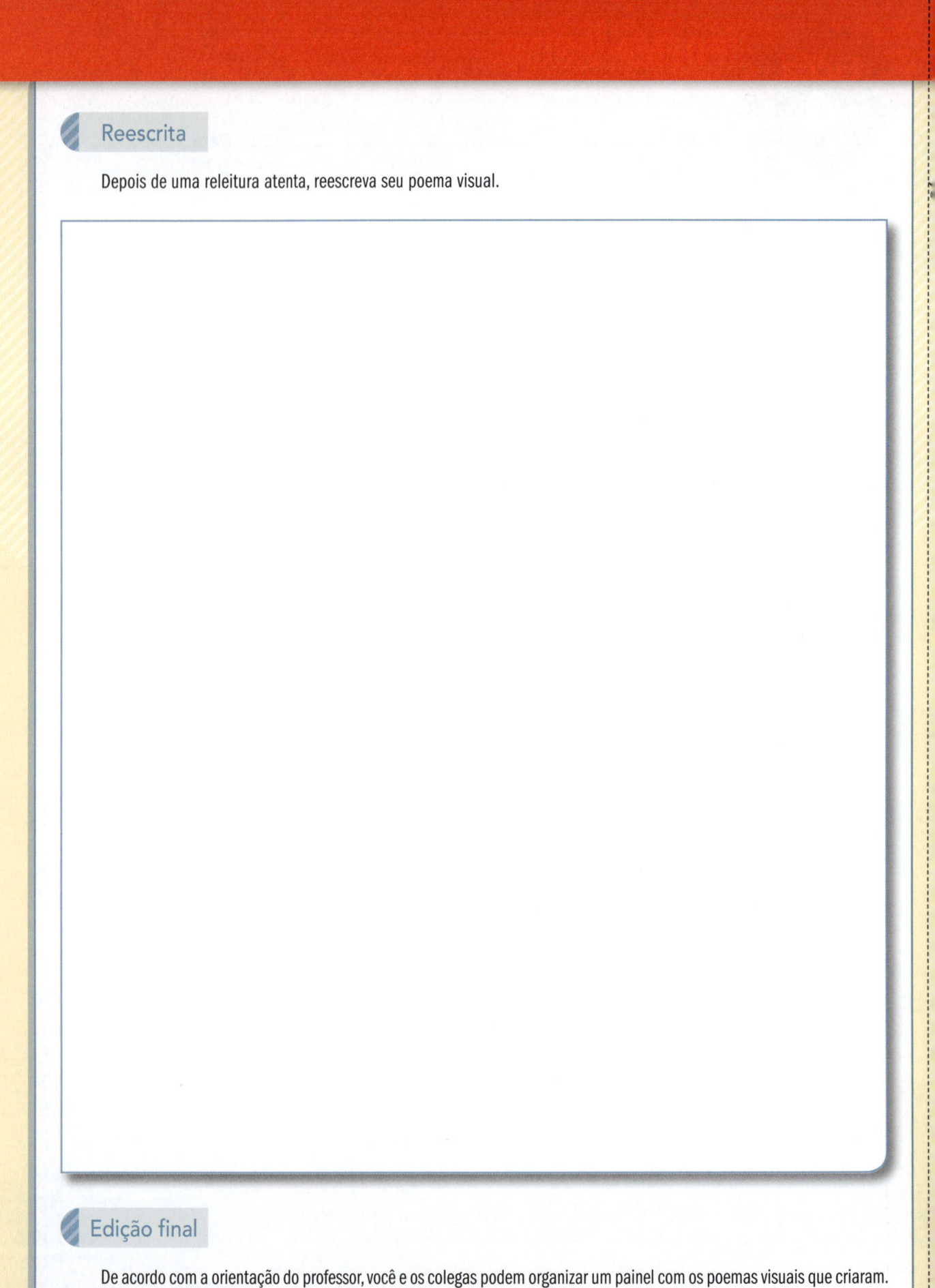

Depois de uma releitura atenta, reescreva seu poema visual.

Edição final

De acordo com a orientação do professor, você e os colegas podem organizar um painel com os poemas visuais que criaram.

5 PARÓDIA

Alguns poemas são escritos com base em textos criados por outros poetas. Nesse caso, o autor utiliza as características básicas do poema original.

Quando, ao reescrever um poema, o poeta dá-lhe um tom irônico ou humorístico, temos uma **paródia**.

Leia, a seguir, alguns textos originais e as paródias correspondentes.

TEXTO ORIGINAL

O Cravo brigou com a Rosa

O Cravo brigou com a Rosa
debaixo de uma sacada.

O Cravo saiu ferido
e a Rosa despedaçada.

O Cravo ficou doente
a Rosa foi visitar.

O Cravo teve um desmaio
e a Rosa pôs-se a chorar.

Domínio público.

PARÓDIA

Brincadeira

O cravo brincou com a rosa,
em cima da goiabeira,
o cravo era Tarzan,
a rosa, mulher rendeira.

A rosa dançou com o cravo
um samba fenomenal,
o cravo saiu cansado,
a rosa passou muito mal.

O cravo virou médico,
diante de tanta aflição,
queria curar a rosa,
dando-lhe um beliscão.

Mais não conto dessa brincadeira,
mais não posso contar,
brincavam a tarde inteira,
sem ter hora para acabar.

Caio Riter. In: Folhinha, suplemento do jornal *Folha de S.Paulo*, 14 out. 2006.

Projeto C • Ateliê da poesia 169

TEXTO ORIGINAL

Marcha soldado

Marcha soldado
Cabeça de papel
Quem não marchar direito
Vai preso pro quartel.

O quartel pegou fogo
São Francisco deu sinal
Acode, acode, acode
A bandeira nacional.

Domínio público.

PARÓDIA

ABC

Marcha soldado,
cabeça de papel,
se não marchar direito,
vai preso pro quartel.

Marcha aluno,
cabeça de melão,
se não marchar direito,
fica em recuperação...

Estuda aluno,
não fique atrasado,
se não malhar direito,
já entra reprovado.

Telma Guimarães Costa Andrade. *Agenda poética*. São Paulo: Scipione, 1997.

Produção de textos

Faça uma paródia. Para isso, você pode basear-se em textos de diferentes fontes:

a) poemas;
b) letras de músicas;
c) cantigas, quadras, lendas que fazem parte do nosso folclore;
d) textos de propaganda.

Escolha o tema da sua paródia. Ele pode estar relacionado à sua escola, à política, à sua vida social (colegas e amigos), ao seu lazer e diversão (programas de TV, *shows*, novelas etc.).

Ao escrever sua paródia, dê a ela um tom irônico ou humorístico. E não se esqueça de criar um título.

Ficha 5 — PARÓDIA

Autor(a): _____ Data: ___/___/___

Planejamento

Antes de começar a escrever, anote a seguir o tema de sua paródia e o texto que servirá de base para ela. Isso o ajudará a criar o texto na mente.

1. Tema da paródia:
_____

2. Texto que servirá de base para a paródia:
_____
_____
_____
_____
_____
_____
_____
_____
_____
_____
_____
_____
_____
_____
_____
_____
_____
_____
_____
_____
_____
_____
_____

Oficina de escritores • 7º ano • Projeto C: Ateliê da poesia

Escrita

Faça alterações no texto original sem descaracterizá-lo. O leitor deve reconhecer esse texto ao ler a paródia que você compôs.

Revisão

Leia sua paródia em voz alta para os colegas. Anote as sugestões apresentadas por eles: faça cortes, acréscimos, substituições. Brinque com as palavras, busque a palavra mais adequada, reescreva o texto, tente transmitir a mesma informação usando construções frasais diferentes. Procure perceber se sua paródia tem ritmo. Para os demais itens, oriente-se pelo **Roteiro de revisão** abaixo.

Roteiro de revisão	Avaliação do autor		Avaliação do leitor	
	SIM	NÃO	SIM	NÃO
Gênero textual				
1. A paródia permite ao leitor reconhecer o texto original?				
2. O texto está organizado em versos e estrofes?				
Coerência				
1. Predomina na paródia uma ideia central?				
Coesão				
1. As frases estão claras?				
2. O vocabulário empregado está adequado e preciso?				
3. Não há repetição desnecessária de palavras?				
Adequação à norma-padrão				
1. As palavras estão escritas corretamente?				
2. Os sinais de acentuação são usados adequadamente?				
3. Os sinais de pontuação são utilizados de modo correto?				
Edição do texto				
1. A letra está legível?				
2. Não há rasuras no texto?				

Comentários do leitor (colegas e/ou professor):

_____
_____
_____
_____
_____
_____

Autor(a): _____

Oficina de escritores • 7º ano • Projeto C: Ateliê da poesia

Reescrita

Edição final

Prepare o texto para ser editado em seu livro de poemas. Escreva-o na página e faça uma ilustração para ele.

GUIA DE REVISÃO DE TEXTOS

1. Edição de texto
2. Acentuação
3. Concisão
4. Repetição de palavras
5. Marcas da oralidade
6. Coerência e coesão
7. Adequação à norma padrão
8. Revisão/reescrita

1 EDIÇÃO DE TEXTO

Letra

A forma mais usual de produzir um texto no ambiente escolar é escrevê-lo à mão. Ao se escrever um texto manuscrito, são necessários alguns cuidados. Um deles se refere à legibilidade da letra.

Para a comunicação escrita, a letra deve ser legível, o que não significa necessariamente ser "bonita".

Considera-se letra legível aquela que um leitor consegue ler sem dificuldade, sem auxílio do autor, sem precisar deduzir uma palavra.

A letra pode ser ilegível pelas seguintes razões:

1. **Desenho**: a maneira como se escrevem as letras faz parte de uma convenção que deve ser respeitada. Argumentos do tipo "Meu S eu escrevo assim", "O jeito de escrever meu T é dessa forma" etc. são inaceitáveis. Não há um jeito de escrever determinada letra. Existe um formato básico das letras, que admite pequenas variações individuais, mas que não podem fugir do padrão.
Pergunte a seus leitores se eles entendem a sua letra. Caso a resposta seja negativa, observe se o problema não é o desenho da letra. Se isso se confirmar, o melhor remédio é fazer exercícios de caligrafia.

2. **Espaçamento**: a escrita, muitas vezes, se torna ilegível porque há entre as letras de uma palavra:
   a) espaço muito grande: nesse caso, o leitor tem dificuldade de ler a palavra e de perceber onde ela acaba e começa a próxima.
   b) espaço muito pequeno: nesse caso, as letras quase se sobrepõem, dificultando a leitura.

3. **Tamanho**: a dificuldade de leitura de um texto manuscrito pode estar relacionada, muitas vezes, ao tamanho desproporcional das letras. Elas podem ser tão pequenas que não se consegue visualizá-las, ou tão grandes que preenchem todo o espaço da linha.

Atividade

Reúnam-se em pequenos grupos e avaliem os textos de cada um quanto à legibilidade da letra. A seguir, apresentem aos colegas da turma uma síntese das conclusões que vocês observaram em relação a esse aspecto.

Parágrafo e margens

Parágrafo

O parágrafo é uma unidade de composição formada por uma ou mais frases relacionadas a uma ideia central. A divisão em parágrafos traz algumas vantagens:

a) para o escritor, pois facilita a tarefa de dividir o texto em partes;
b) para o leitor, pois permite acompanhar os diferentes estágios do desenvolvimento do texto.

Indicação do parágrafo

Para indicar o começo do parágrafo, escreve-se mais para dentro, dando um pequeno espaço, a primeira linha dele.

Muitos textos manuscritos apresentam, em relação à indicação do parágrafo, dois tipos de problemas:

a) ausência do afastamento da margem esquerda na primeira linha do parágrafo;
b) falta de uniformidade na indicação do começo do parágrafo.

Ao dar a redação final a seu texto, cuide para que a indicação do parágrafo mantenha espaço uniforme da margem esquerda.

Margens

Ao escrever seu texto definitivo, tenha, em relação às margens, estes cuidados:

a) mantenha pequeno espaço à direita e à esquerda;
b) faça margens regulares;
c) separe corretamente as sílabas.

Ausência de rasuras

A edição final de um texto deve ser, quanto ao aspecto estético, muito bem cuidada. Além de letra legível, abertura de parágrafos, margens regulares, o texto não deve ter rasuras. Um texto rabiscado e rasurado pode dificultar a leitura e causar má impressão.

Antes de dar a edição final ao seu texto, faça todas as alterações que julgar necessárias no rascunho: acréscimos, cortes, substituições.

Com o objetivo de ganhar tempo, muitos alunos dispensam esses cuidados na escrita de um texto. Isso impede a execução de mudanças que podem decidir a compreensão dele.

Uma sugestão: escreva o rascunho do texto a lápis, sem usar borracha. Dessa maneira, fica registrado no papel tudo o que você pensou e escreveu. Esse jeito de escrever libera o autor para fazer, com maior liberdade, todas as alterações que julgar necessárias, viabilizando um texto que seja produto de leituras e releituras.

Atividade

Ao copiar o texto "Oração de um pai", Carlos, aluno de 7º ano, não abriu parágrafos. Reescreva-o nas linhas abaixo com muito capricho, dividindo-o em quatro parágrafos. Tome três cuidados:

1. indique o parágrafo dando um pequeno espaço à esquerda da margem;
2. faça margens regulares;
3. evite rasuras.

Oração de um pai

Dá-me, Senhor, forças para realizar tudo aquilo que meu filho espera de mim; mas faz, Senhor, com que as expectativas de meu filho nunca ultrapassem o limite de minhas forças. Dá-me, Senhor, paciência para que eu suporte a impertinência e escute as recriminações; mas se eu tiver de bater, Senhor, faz com que minha mão tenha a leveza dos cabelos de uma criança a flutuarem na brisa. Dá-me, Senhor, energia, mas dá-me, também, tolerância, dá-me a sabedoria da maturidade, mas dá-me também a inocência da infância; dá-me, Senhor, um olhar severo, mas dá-me também um terno sorriso. Faz, Senhor, com que meu filho acredite que sou tão bondoso e poderoso como imagina que Tu és; mas, se não existes, Senhor, não deixes que filho algum saiba disto.

Moacyr Scliar. *Um país chamado infância.*
São Paulo: Ática, 2002.

2 ACENTUAÇÃO

Para acentuar corretamente as palavras, você precisa conhecer as regras de acentuação. Apresentamos, a seguir, um resumo das principais regras.

Pré-requisito

Você deve identificar, em primeiro lugar, a sílaba tônica (sílaba forte) da palavra. De acordo com a posição da sílaba tônica, a palavra é classificada em **oxítona** (última sílaba), **paroxítona** (penúltima sílaba) e **proparoxítona** (antepenúltima sílaba).

Proparoxítonas

São acentuadas todas as palavras proparoxítonas. Exemplos:

matemática	república
fôlego	fenômeno
recôndito	cáustico
plástico	músico
lâmpada	acadêmico
líquido	público

Oxítonas

São acentuadas as palavras oxítonas terminadas em **a**(s), **e**(s), **o**(s), **em**, **ens**. Exemplos:

Terminações	Exemplos
a(s)	fubá, olá
e(s)	café, pontapé, bebê, canapé, português
o(s)	vovô, vovó, dominó, robô
em	armazém, harém
ens	parabéns

Paroxítonas

São acentuadas as palavras paroxítonas terminadas em **r, x, n, l, i**(is), **um, uns, ps, ã**(s), **ão**(s) e em **ditongo crescente**. Veja:

Terminações	Exemplos
r	açúcar
x	tórax
n	hífen
l	potável
i(s)	júri, lápis
um	álbum

Terminações	Exemplos
uns	álbuns
ps	bíceps
ã(s)	ímã
ão(s)	órfão
Ditongo crescente	história, série, pátio, inócuo, rádio, tênue

Regras da nova ortografia

1. Não se usa mais trema.

Antes da reforma	Após a reforma
freqüente, lingüiça, agüentar	frequente, linguiça, aguentar

Obs.: o trema permanece em nomes próprios, como *Müller*, e em palavras estrangeiras.

2. Não se acentuam os ditongos abertos **éi** e **ói** das palavras paroxítonas.

Antes da reforma	Após a reforma
européia, idéia, heróico, apóio, bóia, asteróide, Coréia, estréia, jóia, platéia, paranóia, jibóia, assembléia	europeia, ideia, heroico, apoio, boia, asteroide, Coreia, estreia, joia, plateia, paranoia, jiboia, assembleia

Obs.: as palavras *herói, papéis, troféu* mantêm o acento, porque são oxítonas.

3. Não se acentuam as vogais **i** e **u** tônicas depois de ditongos em palavras paroxítonas.

Antes da reforma	Após a reforma
baiúca, bocaiúva, feiúra	baiuca, bocaiuva, feiura

Obs: se as vogais **i** e **u** são oxítonas, o acento continua, como em *tuiuiú* ou *Piauí*.

4. Não se usa mais o acento circunflexo nas palavras terminadas em **eem** e **oo**(s).

Antes da reforma	Após a reforma
crêem, dêem, lêem, vêem, prevêem, vôo, enjôo	*creem, deem, leem, veem, preveem, voo, enjoo*

5. Não se usa mais o acento diferencial em algumas palavras.

Antes da reforma	Após a reforma
pára, péla, pêlo, pólo, pêra, côa	*para, pela, pelo, polo, pera, coa*

Obs.: emprega-se ainda acento diferencial em pôr (verbo) e pôde (pretérito).

6. Não se acentua mais o **u** forte nos grupos **gue, gui, que, qui** em verbos como *averiguar, apaziguar, arguir, redarguir, enxaguar*.

Antes da reforma	Após a reforma
averigúe, apazigúe, ele argúi, enxagúe você	*averigue, apazigue, ele argui, enxague você*

Procedimentos para acentuar coretamente

1. Leia e observe com muita atenção as palavras acentuadas. Isso o ajudará a memorizar a forma gráfica delas.

2. Ao escrever e, sobretudo, revisar o texto, se tiver dúvidas quanto à acentuação de uma palavra, consulte uma gramática ou um dicionário. A pesquisa o ajudará a memorizar a escrita correta da palavra.

3 CONCISÃO

Apresentamos o relato de um mesmo fato contado de duas maneiras diferentes por alunos do 7º ano.

Leia atentamente cada um deles e identifique o que os diferencia. A seguir, escolha o texto que você considera mais bem escrito e claro. Justifique sua escolha para os colegas.

TEXTO 1

Era uma vez uma cidade perto de São Paulo, essa cidade se chamava Malucocity. Um grupo musical de adolescentes estava ensaiando no clube Sacode as Bandas.

Eram cinco horas, o porteiro tinha encontrado um bilhete no corredor e ele leu o bilhete e disse que o bilhete era para o Zé Cabelo (chefe do grupo).

O bilhete dizia:

— Se vocês estrearem no *show* amanhã, vão entrar pelo cano! Assinado: inimigo nº 1.

TEXTO 2

Em Malucocity, uma cidade perto de São Paulo, um grupo musical de adolescentes ensaiava no clube Sacode as Bandas.

Às cinco horas, o porteiro do clube encontrou, no corredor, um bilhete dirigido ao Zé Cabelo, chefe do grupo:

"Se vocês estrearem no show amanhã, vão entrar pelo cano! Assinado: inimigo nº 1."

Você pode perceber que, embora os dois textos relatem o mesmo fato, no texto **B** foram empregadas apenas as palavras ou expressões necessárias no contexto da história. É um texto **conciso**.

> **Concisão** é uma característica da língua escrita que consiste em usar o mínimo necessário de palavras para transmitir uma informação.

Atividade

A notícia a seguir, escrita por um aluno, apresenta vários problemas (ortografia, acentuação, pontuação, ligação entre as frases e ausência de concisão). Reescreva o texto, fazendo as correções necessárias.

Incendio destrói predio

Na noite do dia 25/02 e na grande São Paulo houve um grande incendio de um predio. Um simples curto no interruptor causou um grande incendio 3 não conceguiram sobreviver o fato e 5 ficaram gravimente feridos.

Uma das vitimas percebeu um cheiro estranho em sua janela sem sombra de duvidas ligou parar os bombeiros e falou que havia o incendio em seu predio quando os bombeiros chegaram apagaram o fogo e resgataram as pessoas.

4 REPETIÇÃO DE PALAVRAS

Leia os textos a seguir, observando se há palavras repetidas neles.

TEXTO A

Eu gravo, eu assisto,
eu ouço, eu danço,
eu penduro na parede,
eu decoro minha casa,
eu levo para viajar,
eu ligo, eu faço a festa
eu dou o *show*.
Eu e a minha TV.

Adaptado de anúncio
publicitário da Philips

Anúncio publicitário da Philips. Disponível em: http://www2.dbd.puc-rio.br/pergamum/tesesabertas/5000004681_02_cap_01.pdf. Acesso em: 2 maio 2020. (Adaptado).

TEXTO B

Eu sou uma cadela vira-lata. Eu nunca tive dono, sou branca com manchas marrons.

Um dia eu estava andando por aí e uma moça estava com um pacote de compras. Eu farejei carne no pacote. A moça deixou o pacote em cima de uma mureta para amarrar o sapato. Eu estava com fome e, quando ela abaixou, eu peguei a carne. A moça saiu correndo atrás de mim. A minha sorte foi que um cachorro me escondeu. Falei obrigado e saí correndo antes que ela me visse. Eu nunca mais vi ela. Sempre quando eu estava com fome eu pegava coisas do lixo. Eu nunca pegava coisas dos outros, só daquela vez.

Um dia uma madame me achou bonita e me levou para a casa dela. Então agora eu não sou uma cachorra vira-lata, eu sou uma cadela de madame.

(Texto de aluno)

Eskova Ekaterina/Shutterstock

Na leitura dos dois textos, você deve ter notado a presença de uma palavra que se repete: **eu**.

No texto **A**, essa repetição tem claramente um objetivo: enfatizar a relação do interlocutor (a pessoa que fala no texto) com o objeto (televisão).

No texto **B**, no entanto, a repetição da palavra **eu** não se justifica.

Ao escrever, você deve evitar a repetição de palavras que não tenham intencionalidade específica no texto. Procure eliminá-las, substituí-las ou alterar a redação da frase.

Atividade

O texto **B** apresenta problemas de redação. Além da repetição desnecessária do pronome **eu**, em alguns momentos falta continuidade e ligação entre os fatos da história. Reescreva-o, procurando solucionar esses problemas. Faça as alterações que você julgar necessárias.

_____
_____
_____
_____
_____
_____
_____
_____
_____
_____

5 MARCAS DA ORALIDADE

1. Leia os textos a seguir, compare-os e responda às questões.

   TEXTO A

   Quand'eu comecei a estudar / tinha sete anos / aliás seis / no pré / comecei a estudá / sabe como é que é / né / eh... / eu sempre fui mei... com medo / então nunca tinha estudado né / fiquei com medo / aí no primeiro dia de aula / minha irmã falô / Piedade / vão para a aula / aí eu virei e fale assim / vamos / fiquei todo entusiasmada.

   Jânia M. Ramos. *O espaço da oralidade na sala de aula*.
   São Paulo: Martins Fontes, 2002.

   TEXTO B

   Quando comecei a estudar, eu tinha sete anos. Foi no pré. Nunca tinha estudado. Fiquei com medo.
   No primeiro dia de aula, minha irmã falou:
   — Piedade, vamos para a aula.
   Eu falei:
   — Vamos — fiquei toda entusiasmada.

   Jânia M. Ramos. *O espaço da oralidade na sala de aula*.
   São Paulo: Martins Fontes, 2002.

   a) Os textos **A** e **B** transmitem a mesma informação?
   _____

   b) Qual dos dois textos constitui a transcrição da fala?
   _____

   c) Qual deles segue as regras e as convenções da língua escrita?
   _____

   d) Aponte as marcas da língua falada no texto **A** eliminadas no texto **B**.
   _____
   _____

186 Projeto final • Guia de revisão de textos

Na língua falada no dia a dia, é comum as pessoas utilizarem palavras e expressões que têm a função de marcar pausa, dar entonação, chamar a atenção do interlocutor para o que está sendo falado, dar continuidade ao que se diz, entre outras possibilidades. Veja algumas dessas palavras e expressões.

claro	certo	hum	hã
viu?	sabe?	né?	quer dizer
eu acho	então	daí	aí

Ao falar, você pode usar essas palavras como recurso para se comunicar. Ao escrever, no entanto, deve evitar empregá-las (a menos que reproduza no seu texto a fala da personagem). Na língua escrita, existem outros recursos que podem ser utilizados para chamar a atenção do leitor, dar destaque a uma palavra ou indicar a sequência dos fatos.

2. Leia, a seguir, dois textos escritos por alunos do 6º ano que apresentam várias marcas da língua falada. Reescreva-os no caderno, procurando eliminar essas marcas e adequando-os às regras da língua escrita.

TEXTO A

Foi quando eu ouvi *help* socorro acuda; foi aí que corri para janela e vi dois leões tentando devorar um grupo de pessoas e fiquei os observando mais depois disto resolvi descer para ajudalos pois moravam em um apartamento.

Jânia M. Ramos. *O espaço da oralidade na sala de aula*. São Paulo: Martins Fontes, 2002.

TEXTO B

No Zoológico de Belo Horizonte a última vez que fui lá tinha 2 leões machos e 2 fêmeas e 3 filhos. Eu também acho eles mesmo bem tratados eles devem viver muito triste pois eles vivem presos.

Jânia M. Ramos. *O espaço da oralidade na sala de aula*. São Paulo: Martins Fontes, 2002.

6 COERÊNCIA E COESÃO

Os dois textos que você vai ler a seguir foram escritos por alunos do 4º ano, com base na proposta abaixo.

"Um menino imaginou que tinha um lápis mágico nas mãos. Conte essa história. Use sua imaginação. Lembre-se: você pode descrever lugares, pessoas, festas, situações..."

Leia e compare os textos.

TEXTO A

Lápis mágico

Um dia Paulinho estava arrumando o sótão quando achou um lápis estranho. Paulinho pensou: "O que será que ele faz?"

Paulinho pegou uma folha de papel para ver se o lápis escrevia. Ele rabiscou o papel, mas não saiu nada. Ele ouviu uma voz bem baixinha falando com ele:

— Ei! Você está acabando com o meu cabelo!

— Quem disse isso?

O lápis respondeu:

— Sou eu, o lápis mágico.

Paulinho, assustado, falou:

— Eu devo estar sonhando.

– Vamos fazer um trato, eu sou um lápis mágico e, se você parar de gastar meu cabelo, pode me fazer um pedido.

— Tudo bem!

Paulinho pensou no que pedir e disse:

— Amanhã vai ter prova lá na escola e eu quero tirar a melhor nota.

— Tudo bem!

No dia seguinte, Paulinho tirou a melhor nota, mas não foi na prova, ele tirou a melhor nota de dinheiro de papel de um jogo.

TEXTO B

O caminhão

Era uma vez um menino que imaginou um lápis mágico e desenhou um avião e um caminhão. Só que o navio foi tão fundo e caiu bem longe do avião.

Mas o menino deu um pulo e caiu dentro do caminhão, mas o menino tem rumo e deu partida no caminhão e saiu dali depressa.

Estudo dos textos

O texto **A** possui estrutura narrativa: parte de uma situação inicial, introduz personagens, cria uma sequência de ações entremeadas por falas e chega a um final inesperado.

No texto **B**, há apenas o esboço de uma situação. O texto não cria uma sequência de ações nem chega a um final.

Coerência

O texto **A** possui uma ideia central ou um fio condutor e vai desenvolvendo-se aos poucos, sempre com o acréscimo de novas informações. Chamamos isso de **coerência**.

No texto **B**, ao contrário, não se percebe um fio condutor que vai aos poucos conduzindo os fatos. Não há coerência entre as partes do texto.

Coesão: ligação entre as partes

No texto **A**, percebe-se que a ligação entre as partes é feita das seguintes maneiras:

a) Pela repetição, substituição ou ausência do nome da personagem.

... Paulinho	estava arrumando
–	achou um...
Paulinho	pensou...
Paulinho	pegou...
Ele	rabiscou...
Ele	ouviu...
Paulinho	falou...

b) Por **ligações temporais** (*um dia, amanhã, no dia seguinte*).

Esses elementos dão ao texto coesão.

No texto **B**, não há o recurso de substituição ou repetição. Não se percebe também nenhum elemento de ligação entre as partes. Por esse motivo, não há coesão nesse texto.

Atividade

Você notou que o texto **A** está mais bem escrito que o texto **B**. Ele apresenta, contudo, alguns pequenos problemas de pontuação e repetição desnecessária de algumas palavras.

Reescreva o texto **A** nas linhas abaixo, eliminando esses problemas. Faça as alterações que julgar necessárias.

7 ADEQUAÇÃO À NORMA PADRÃO

Você não fala e escreve sempre do mesmo jeito. A sua maneira de se comunicar – pela fala ou pela escrita – é determinada por uma série de fatores. De acordo com a pessoa com quem você conversa (interlocutor) ou para quem você escreve (leitor), o contexto (lugar) em que ocorre a comunicação, o gênero do texto, muda a maneira de falar ou de escrever.

Há situações em que você se comunica mais informalmente: ao escrever um bilhete, ao fazer anotações, ao conversar por mensagem instantânea por aplicativo de celular. Nesses casos, não existe uma preocupação maior com a organização da frase ou a correção gramatical. É uma escrita mais espontânea. Há outras situações, no entanto, em que a comunicação escrita se realiza mais formalmente: ao escrever um requerimento, uma notícia, um anúncio, um conto. Nesses casos, é preciso preocupar-se com a organização do texto e da frase e com a correção quanto à grafia, acentuação, pontuação e concordância. O seu texto deve atender às convenções e às regras da norma-padrão da língua escrita.

Ao revisar seu texto quanto à adequação à norma-padrão, considere os seguintes aspectos.

1. Ortografia.
2. Acentuação gráfica.
3. Pontuação.
4. Crase.
5. Concordância verbal e nominal.
6. Regência verbal.
7. Colocação pronominal.

8 REVISÃO/REESCRITA

Apresentamos a seguir um texto escrito por um aluno das séries finais do Ensino Fundamental. Propomos a você que, junto com seu grupo, realize um trabalho dividido em duas partes:

a) Primeira parte: leitura crítica (revisão).

b) Segunda parte: reescrita do texto.

Na primeira parte, devem ser apontados os aspectos críticos do texto quanto à organização geral, estruturação das frases, ligação entre as partes, pontuação, colocação pronominal, concordância e ortografia. Vocês devem posicionar-se como um leitor crítico que observa o problema e oferece alguns caminhos para a solução dele. Evitem reescrever o texto.

Na segunda parte, reescrevam o texto, procurando solucionar os problemas encontrados durante a revisão e eventualmente solucionando outros que não foram observados anteriormente.

Depois desse trabalho, os grupos devem publicar no jornal da turma os textos reestruturados.

Redação: um fato pitoresco

Aconteceu a muitos anos atrás, quando eu tinha uns seis anos de idade, eu morava em Indaiatuba, e sempre ia ao clube nos fins de semana. Um dia eu fui ao clube com a minha irmã, como eu era pequena e teimosa, resolvi ir nadar com a minha irmã na piscina mais funda do clube, pois bem, eu entrei e me agarrei nas bordas da piscina. Minha irmã que estava comigo resolveu sair d'água e tomar um pouco de sol, como ela estava naquela idade da "paquera", ficou conversando com um garoto e me esqueceu lá dentro da piscina, na verdade ela esqueceu que eu existia, pois eu fiquei tanto tempo na piscina esperando que ela viesse me tirar, mas como já havia me esgotado a paciência, eu resolvi sair sozinha de lá. Pois bem, eu comecei a agarrar na borda da piscina e a nadar (aí que aconteceu o "estrondo") qdo eu fui agarrar na borda da piscina pela segunda vez, minha mão escapou e eu "puft" afundei. Eu estava com um pouco de medo (imagine só), qdo dei por mim, eu estava lá no fundo da piscina, vendo os "pés" nadarem a minha volta, minha sorte foi que justo nessa hora minha irmã deu por minha falta e resolveu me procurar, foi aí que ela viu que eu estava "brincando com os pezinhos" no fundo da piscina.

Ainda bem que ela se lembrou de mim, pois se não eu não estaria aqui agora, falar a verdade eu acho que foi o garoto (que ela estava conversando) que sentiu minha falta, porque se eu fosse esperar por ela coitada de mim.

Lúcia Kopschitz Bastos. *Coesão e coerência em narrativas escolares*.
São Paulo: WMF Martins Fontes, 2001.